新 潮 文 庫

流 星 ひ と つ

沢木耕太郎著

新 潮 社 版

10562

目次

火酒〔かしゅ〕＝アルコール分が多く、火をつけると燃える酒。ウォッカなど。

流星ひとつ

一九七九年秋　東京紀尾井町
ホテルニューオータニ四十階　バー・バルゴー

一杯目の火酒

1

「呑《の》み物は、どうします？　酒でいいですか？」

「うん」

「何にします？」

「ウォッカ、あるかな？」

「それはあるんじゃないかな。とりあえず、ここはホテルのバーなんですから」

「それなら、ウォッカ・トニックをもらおうかな、あたし」

「ウォッカ・トニックって、ウォッカにトニック・ウォーターを混ぜただけのもの？」

「そう、それにレモン」

「軽くて、おいしそうだね。ぼくもそれをもらおうかな。あっ、ウォッカ・トニックを二つお願いします。それと……つまみは、どうしようか」

「いらないな、あたしは」

「つまみはいりませんから、呑み物だけ、お願いします」

「面白いね」

「何が？」

「だって、ボーイさんに、とってもていねいに注文するんだもん」

「おかしい？」

「ていねいすぎるよ。変に威張る必要はないけど、ちょっとていねいすぎる」

「そうかなあ……そうとは思えないけど、ぼくには」

「まあ、どうでもいいことだけど」

「そう、ぼくのことなんて、どうでもいい。これはぼくの、じゃなくて、あなたに対するインタヴューなんだから」

「インタヴュー、か」

「インタヴューは嫌い？」

「好き、ではないな」

「なぜ？　どうして、好きじゃないの？」

「いつでも、同じなんだ、インタヴューって。同じ質問をされるから、同じ答えをするしかないんだけど、同じように心をこめて二度も同じようにしゃべることなんかできないじゃない。あたしはできないんだ。だから、そのうちに、だんだん答えに心が入らなくなってくる。心の入らない言葉をしゃべるのって、あたし、嫌いなんだ」

「そんなに、いつも同じことを訊《き》かれる？」

「新曲を出せば、どんな感じの曲ですか。年末になれば、今年の一年はどういう感じの年でしたか。新年になれば、今年の抱負は、って調子だもん、いつだって同じだよ」

「それは、テレビかラジオのインタヴューの場合でしょ？」

「新聞や雑誌だって同じ。少しも変わらないよ。訊くことはみんな一緒。しゃべるのがいやになる。疲れるだけだよ」

「ほんと？」

「嘘《うそ》じゃない。インタヴューなんて馬鹿《ばか》ばかしいだけ」

「いや、インタヴューというのは、そんなに馬鹿にしたものでもないと思うけどな」

「この人には、自分のことが、もしかしたらわかってもらえるかもしれない、なんて思って真剣にしゃべろうとすると、もう記事のタイトルも決まっていて、ただあたしと会ったってことだけが必要だったりするんだよね。あたしがどんなことをしゃべっても関係ないんだ、その人には」

「インタヴューっていうのは、そんなつまらないものじゃないと思うよ。聞く耳を持たないなんて奴《やつ》は論外だけど、仮にあなたの話を熱心に聞こうとしているアナウンサーや記者がいたとしても、決まりきったことを訊いて、決まりきったことを答えさせるなんていうのは、インタヴューでもヘチマでもない。本当のインタヴュー、本物のインタヴュアーというのは……なんて、偉そうに聞こえるかもしれないけど、とにかく、インタヴューというのは相手の知っていることをしゃべらせることじゃない、とぼくは思っているんだ。だって、そんなことは、誰だってできるじゃないですか。ましてや、それ以前に、たとえばあなたのように何度もインタヴューを受けたことのある人を相手にするんだったら、それでは意味がない。すぐれたインタヴュアーは、相手さえ知らなかったことをしゃべってもらうんですよ」

「知らないことなんかしゃべれないよ」

「知らなかったこと、というと少し言いすぎになるかな。意識してなかったこと、と言えばいいかもしれない。普通の会話をしていても、弾みで思いもよらなかったことを口にしてることがあるじゃない、よく。でも、しゃべったあとで、そうか、自分はこんなことを考えていたのか、なんてひとりで納得したりする。そういうことなんだ、知らなかったことをしゃべらせるっていうのは。相手がしゃべろうと用意していた答え以外の答えを誘い出す。そういった質問をし、そういった答えを引き出せなければ、一流のインタヴュアーとは言えないと思うな」

「あたしも、自分の知らなかったことをしゃべらされるわけ？」

「ハハハッ。さあ、どうだろう。それはこちらの力量にかかっているんだけど……では、始めるとしますか」

「うん、いいよ。ちょっと恐《こわ》いけど……」

「さて、と。まず、数字の話をしましょうか。たとえば、この十年間に、あなたが売ったレコードの枚数とか、稼いだ金額とか……」

「関係ないよ、そんなこと、あたしには」

「でも、凄《すさ》まじい数ですよ。どれくらいのものか、あなたは知らない？」

「全然知らないし、知る必要もない」

「シングルが三十四枚出て、総計が七百万枚売れた。ＬＰが三十五枚で百十万枚、テープが百種類で百五十万本。それによって稼ぎ出された金が百七十億。話半分にしたって、驚くべき数字だよね」

「どうでもいいよ、そんなこと」

「どうして?」

「やってる当人にとっては、数字って、そんなに関心があることじゃないんだよね」

「そうかもしれない、なんて納得しちゃうと、話が次に進まなくなるから、こっちは困るんだけど、ほんとに、そうかもしれないな。ぼくに引き寄せて考えてみても、分野も桁《けた》も違うけど、懸命にやっているとき、やっぱり、数字はどうでもいいもんな」

「そうだと思うよ」

「困ったな。さっきの数字の話をね、どういう具合に次の話につなげていこうとしたかと言うと、そういう巨大な数の嵐《あらし》の中心にいた人がなぜ引退するのかっていう……」

「なんだ、そういうことか」

「馬鹿ばかしい?」

「馬鹿ばかしくはないけど……」

「くだらない? まったく、自分で口に出していながら、急にひどくつまらないんではないかと思いはじめてしまったなあ。とうてい、すぐれたインタヴューアーにはなれっこない質問だった。数字に関する質問は撤回します」

「フフフ」

「しかし、とにかくあなたが、芸能界っていうのかな、そこを引退するのは確かなわけですよね」

「うん」

「そこで十年間、いろいろと生きてみて、どうでした？」

「どういうこと？」

「とりあえず、面白かった？」

「うん、それはね、やっぱり面白かったと思うな。見ようと思って誰でも見られる世界じゃないしね。面白かったよ」

「そういうことになると、芸能界がいやになったとか、なんだとかっていう理由がないのに、どうしてあなたほどの歌手が引退しなければいけないのかって、普通の人は疑問に思うはずですよね。それは無理のないことだと思う」

「そうかもしれない」

「そういう人たちに、どう説明するんだろう」

「これまで言ってきた通りなんだよね。歌手とは違う人生を生きてみたいっていう……でも、それじゃあ、どうしても信じてもらえないんだ」

「違う人生、ね」

「結局、誰にもわかってもらえないと思うよ」

「そんなことはない。そんなことはないから、もう少し説明してくれないかなあ。同じことをしゃべるのはもう飽きた？」

「飽きはしないけど……いやになった。わかってもらえっこないから。どうして引退なんかするのか、みんなわからない。でも、それが当り前のことなんだよね。誰も人のことなんか、本当にはわからないんだ。あたしが人のことを本当にはわからないように。そうだよね、それが普通なんだ」

「やけに絶望的な物言いをするじゃないですか」

「絶望じゃないけどさ」

「そうでなければ、諦《あきら》めなんだろうか」

「諦めでもないと思うよ。ただ、そういうものだって言ってるだけ」

「人にはどうやっても伝わらない、と思っているのかな、自分の気持が」

「うん。特に、週刊誌の人とか、新聞の人とかそういう記者の人なんかには、もう絶対わからないみたい」

「理解してもらえない？」

「駄目みたい」

「彼らは理解できないのかな、それとも商売上、理解できないふりをしているのかな」

「理解できないんだよ、あの人たちには。南沙織《みなみさおり》ちゃんみたいに結婚のためというなら理解もしてくれるんだろうけど、あたしみたいな言い方じゃ、どうしても駄目みたい」

「裏があるはず、と思うわけだ。男とか、金とか」

「そう。愛情のもつれか、だもんね」

「ハハハッ」

「笑いごとじゃないよ。いくら真正直にしゃべっても、信じてくれないんだ、あの人たちは。このあいだだって、一生懸命な人だなって思える記者の人がいたから、こっちも一生懸命に話そうとしたら、どうも変なんだよね。質問がかたよってるの。そっちへそっちへ持っていこうとするの。おかしいなと思ったら、もう、その週刊誌の結論はついているんだって。別れ際《ぎわ》に、記事のタイトルは決まっているんですかって訊《たず》ねたら、〈引退まで追いつめられた藤圭子〉というんだって。がっかりしたな。別にあたしは追いつめられていませんよって、冗談めかして言ったんだけど、もう目次に刷り込んであるから変えられないんだって。ほんと、馬鹿みたいな話だよ」

「週刊誌の人たちは、つらい立場で仕事をしているからなあ」

「そんなことないよ。あの人たちは、あれでいいと思ってるんだよ」

「そうでもないんじゃないかな。時間と、競争相手に追い立てられて、つらい仕事をやってるような気がするな」

「あの人たちは、あの仕事が好きなんだよ。ああやって、やめないで続けているのは、やっぱり好きだからさ」

「そうかな」

「そうさ。いやならやめればいい。あんな、人の不幸を、あることないこと書いたり、あばいたりするような仕事、いやならやめてるよ」

「そんなに簡単にはいかない人もいるんじゃないかな。つらい思いをしてやってる人も、中にはいると思うけどな」

「そんなふうにかばう必要はないよ。やっぱりよくないことはよくないって言わなくちゃいけないよ」

「それはそうだけど」

「ほんとにひどいことやるんだ、週刊誌とかっていうのは」

「そう……」

「ひどいよ」

「積極的な反論はできないけど、ね」

「やりきれないよ」

「週刊誌といえば、このあいだ大宅《おおや》文庫へ行ったら……」

「何なの、それ」

「あっ、そうか。大宅文庫と言ってもわからないよね、普通の人には。どう言ったらいいのかな、雑誌や週刊誌の図書館、という感じかな。京王線の八幡山《はちまんやま》という駅にあって、ぼくたちみたいな仕事をしている者にとっては、足を向けて寝られない、といったような場所なんだ」

「へえ。そこに行くと、どんな雑誌でもあるの」

「そう、かなりの程度までね。しかも、そこは雑誌があるだけではなくて、記事についてのカードがあって、項目ごとにまとめられている」

「それ、どういうこと。よくわかんない」

「たとえば、ぼくが山口百恵《ももえ》について調べたいとしますよね。山口百恵についての記事なんて、それこそ掃いて捨てるほどあると思うじゃないですか。事実、ある。あるはずなんだけど、いざ読みたいと思うと、どんな雑誌にどんな記事が載っていたか、すっかり忘れていることに気がつく。そんなの覚えているはずないもんね。だからといって、全部の週刊誌や月刊誌を、山口百恵のデビューしたときから引っ繰り返していたら、それこそ一年や二年じゃ終らない。そんなとき、その大宅文庫に行く。そして、山口百恵のカードを出して下さいと頼むと、山口百恵に関して、どんな雑誌にどんな記事が載っていたか、一覧表になっているカードを出してくれるんですね」

「それは面白いね、便利だね」

「そう、すごく便利。山口百恵のカードがあるくらいだから、当然のことながら藤圭子のものもある」

「へえ、そんなのがあるの」

「そこへ、このあいだ行ってみたんですよ。そして、藤圭子のカードを出してもらった。カードは七枚あって、一枚に二十の項目が書き込んである。だから、全部を合計すると、約百四十ということになる。もっとも、そのカードには、やっぱり洩《も》れてしまっているものもあるし、小さすぎる記事は抜いてあるだろうから、本当はその倍くらいはあるんだと思う。この十年間に、実に二、三百もの記事にされているわけですよ、あなたは」

「そういうことになるんだろうね」

「驚かない？」

「まあ、いろいろ書かれたからね。あることないこと」

「ぼくは驚きましたね、やっぱり。しかし、その数にめげずに、それを片っ端から借り出して、ひとつずつ読みはじめた」

「そんなことしたの」

「いろいろあった。デビュー秘話とか、初恋の人とか、貧しさから這《は》い上がって、とか。最初は、とても好意的な、サクセス・ストーリー風の記事ばかりなんですよね」

「サクセス・ストーリーって？」

「成功物語。最初の頃は、それを祝福するという感じで報じられているんだけど、やがて、男の話が出てくるようになる」

「うん」

「だんだん書き方が意地悪くなってくる。そして、婚約の話になっていく。さらに、結婚、離婚となっていくうちに、あれよあれよという間に、話が暗く陰気なものになっていく。肉親同士の摩擦、プロダクションの移籍、男との同棲《どうせい》の噂《うわさ》……凄《すご》いんですよね、実に」

「うん……」

「ひとつひとつ読んでいるうちに、気持が悪くなってきた」

「……」

「いや、あなたのことじゃないんですよ。違う。そうやって、藤圭子という女の子のまわりをうろついて、これでもかこれでもかって活字にしていく、ジャーナリズムってやつが、ね。自分もその中で息を吸っているわけだけど、そんなふうに凄惨《せいさん》な姿を見せつけられると、やっぱりやりきれなくなってね。読んでたら、生理的に耐えられなくなってね、慌《あわ》てて外に出たんですよ。外の空気にあたったら収まったけど、その続きを読むのは苦痛でね、だから、残りはコピーしてもらって帰ってきた」

「そんなことがあったの」

「仕事の前にはいつもやっていることだけど、あんな凄惨な印象を受けたのは、初めてのことだったなあ。しかし、あなたは、まことに凄まじい時間をくぐり抜けてきた人なんですね」

「別に大したことじゃないよ。読まなければ腹も立たなくなるよ、そのうち」

「ぼくだったら、すぐ参っちゃうかもしれないな、あんなふうな記事が二、三度出ただけで。やわにできているから、恥ずかしいほどうろたえるんじゃないかと思う。それが二百回も三百回も、それこそ切れ目なしに書かれるんだから……」

「今度の引退の件、あるでしょう。読んだら腹が立つにきまっているから、最初から読まないことにしていたの」

「それがいちばん賢明かもしれない」

「前川さんのときも……」

「前川さんて、前川清のこと?」

「うん、前川さんと離婚したときも、絶対に読まないって決めていたの。いろいろ書かれるに決まっているから。それでも、時々、広告や何かでパッと眼に入ってきちゃうことがあるんだよね。そうすると、落ち込んじゃうんだ。あたしのことをよく知っている人なら、そんなことあるはずないよって思ってくれるけど、ぜんぜん知らない、赤の他人が見たら、週刊誌のことだから嘘かもしれないとちょっとは思ってくれるかもしれないけど、本当のことかなと思う部分もあるでしょ」

「そうかもしれない。ぼくたちだって、電車の中吊《なかづ》り広告を見て、またまたそんなこと書いちゃって、なんて思うけど、どこかにその記憶は残ってしまうからね」

「そういうことが、いつか本当のことのように言われたりするんだ」

「ありうるんだろうな、そういう危険は」

「どれくらい前になるかな。五、六年かな。夜行列車に乗って仕事に行くことがあって、週刊明星を買ってきてもらったんだ、寝台車の中で読もうと思って、ね。読んでたら、まったく関係ない箇所に、あたしのことが出てたんだ。週刊明星には、〈ビデオ・テープでもう一度〉っていう欄があって、それはテレビの番組でタレントさんがしゃべったことを短かくまとめて載せるというような欄なんだけど、そこでカルメン・マキさんが話していたんだ。自分は芸能界には向いていないとかなんとか、そういうことなんだよね。その中に、急に関係なく、あたしの名前が出てくるの」

「ほう、カルメン・マキが、藤圭子について何と言ってるの」

「いやだって言うわけ。ああいうのはいやだって。自分を売り出すために、眼が見えるお母さんを盲人に仕立てて、話題を作るようなことはできないって言うの。そういう芸能界には、自分は合わないって。眼が見えるくせに、盲人だということにして、なんだって」

「…………」

「何も知らないのに、なんてひどいことを言うんだろう、と思ったよ。自分の母親が、眼が見えないってことが、いったいどんなことかも知らないくせに、なんていうひどいことを……。あたしのお母さんに会ったこともないのに、嘘だなんて、どうして言えるんだろう。あたしの歌なんか売れなくたって、お母さんの眼が見える方がどれだけいいかしれないのに。無責任だよ、ひどすぎるよ」

「口惜《くや》しかった？」

「口惜しいなんてもんじゃないよ。一晩中、一睡もできなかった。涙が流れてきた」

「カルメン・マキも、そんな噂話を小耳にはさむか、週刊誌のゴシップ欄で眼にして、軽率にしゃべったんだろうな」

「でも、テレビでしゃべり、それをまた週刊誌が載せているんだよ。そんな無責任なことでいいんだろうか」

「よくないよね」

「そうだよ。あたしだったら、自分で確かめたことでもないのに言うなんてことは、絶対にしないと思う。別にカルメン・マキさんを責めているわけじゃないけど」

「自分を際立たせるためにそんなことを言うなんて、よくないことだな、やっぱり」

「あたし、嘘つくのいやだったんだ」

「えっ？」

「嘘をつきたくないから、いつでも本当のことを言ってきた。正直がいいことだと思って、自分のことをみんなさらけ出してきたけど、そんなことはなかったんだよね。

タレントとか芸能人とかいうのは、隠しておけば隠しておくほどいいんだよね」

「そんなものなのかな」

「お母さんが眼が見えないということも、両親が旅芸人の浪曲師だったってことも、みんな本当のことだから恥ずかしがることはないと思ったし、貧乏だったということも、あたしが流しをしてたってことも、みんな本当のことなんだから、恥ずかしくないと思ってた。でも、隠しておくべきだったんだろうな……」

「そうだろうか」

「あたしこそ、もしかしたら芸能界に向いてないのかもしれないよ。冗談じゃなくて、ね」

「あなたが、初めてジャーナリズムに取り上げられたのは、どんなことだったか覚えてる？」

「えーと……それはよくわからないんだけど、初めて嘘を書かれたときのことは、しっかり覚えてる」

「それは、いつの頃？」

「半年くらいかな、デビューして」

「男のこと？」

「うん。藤圭子の同棲相手を発見、とかいう記事。バンドのドラマーで、知っていることは知っていたけど、ほとんど付き合いもない人なんだよ。その人と同棲してたんだって、あたしが。記事には、これが二人で仲よく暮していたアパート、なんて写真まで載ってるの。杉並区のどこそこって住所も書いてあるわけ。杉並なんて地名、そのとき初めて知ったんだけどね。それだけじゃないんだ。記事の中には、近所の人の話とかいっちゃって、二人でよく手をつないで銭湯へ行くのを見かけました、なんて書いてある。行ったこともない土地のお風呂《ふろ》屋さんに、どうしたら通えるの？」

「ハハハッ、そいつは傑作だ」

「笑うなんて、ひどいよ」

「ごめん」

「その頃、まだ十七、八でしょ、こんなことは許せない、と思ったんだ。こんなことを我慢しなければならないんだったら、もう歌手なんかやめよう、と思いつめたりして。でも、プロダクションの人やなんかに、結局、なだめられてね。ほんとにいやな商売と思ったなあ」

「それは何に書かれてるの？　大宅文庫のカードにはなかったようなんだ」

「女性セブン。いつでも、あたしのひどい記事は女性セブンが最初なんだ。ほんとにひどいんだ、いつも」

「へえ、いつも女性セブンなの」

「うん、ほとんどいつも。ひとりいるんだよね、そんなのを書く人が、あそこの雑誌に。素浪人みたいな記者でね。ほら、よく出てくるじゃない。股旅物《またたびもの》の映画なんかに、用心棒みたいな人が。そういう感じの人。その人があたしのまわりをうろうろしだすと、不吉な予感がしてくるんだ」

「面白い」

「ちっとも面白くないよ。ついこのあいだも、NHKに出演したら楽屋にその人の姿が見えたんだよね。あっ、また何か悪いことが起きるんじゃないかなと不安に思っていたら、やっぱり〈藤圭子再婚へ〉だもんね」

「そういえば、そんな記事、確かにあったなあ」

「あたしも、中身を読まなかったから知らないけど、もう何年も前に別れた人のことを、またまた引っ張り出して書いているらしいんだ。いやになる」

「そうだね、多くの人は中身なんか読まないから、そうか藤圭子はやっぱり再婚のために引退するのかと、思い込んでしまうかもしれないよね」

「本当に、あの人がうろうろすると、ろくなことにならないよ」

「しかし、そんなに、ひとりの人物が悪い出来事の使者になっているというのも、凄い話だなあ。もしかしたら、その人、あなたのことが好きなんじゃないかな」

「まさか」

「いじめっ子が好きな女の子をいじめるように……」

「冗談はよして。並のいじめられ方じゃないんだから」

「ごめん。それにしても、あなたは、信じられないくらいジャーナリズムの餌食《えじき》にされたよね。恐らく、男性歌手における森進一と双璧《そうへき》なんじゃないかな」

「森さんも、大変だったろうね」

「しかし、女性週刊誌の記事なんか、どうせ嘘八百だろうと思ってはいるけど、芸能人の恋愛とか、離婚とか、いろいろゴシップが出ると、ほとんどが週刊誌の記事の通りになってるじゃないですか。ああ、やはり火のない所に煙は立たないものなんだ、って思うことが多いけどな」

「そうだね。それはあるね。芸能人の方も悪いんだよね。絶対にあの人とは結婚しません、と言っておきながら、翌日結婚式をあげたり、絶対離婚しませんと言っていて、もう離婚していたり……だから、記者の人も信じなくなっているんだよね、タレントの言うことを」

「そういうことがあるのかもしれない。だから、習性として、どうしても裏目読みになってしまうんじゃないのかな」

「でもね、いくら裏目読みをするようになるといっても、あの人たちもよくないんだよ。さっきの藤圭子再婚でも、愛情のもつれでもいいけど、そういう簡単な結論が出ると、安心して納得するんだけど、ほんとに人の心の奥深くまで読んでくれはしないんだ。心の奥の動きを読んでくれればいいんだけど、要するに、自分で理解できることしか読もうとしないんだよ。自分の頭で考えた結論を探してるだけなんだと思う、あたしは」

「心の奥を読んでくれない？　誰も？」

「うん。裏目読みをするなら、ちゃんと、裏の裏まで読んでほしいよ……なんて、ね。大した裏があるわけないけど、あたしなんかに。でもさ、そう思うよ」

2

「あなたの手記、というやつが載ってる記事がありましてね、ここにそのコピーがある」

「手記？」

「タイトルは〈私の引退について最後に明かしたい事〉というんだけど」

「そんなの書いたことないよ、あたし。嘘だなあ、いやだなあ、ほんとに情けなくなるよ」

「竹山純子、って本名のサインもある。これ、あなたの筆蹟《ひっせき》でしょ？」

「本名のサインを下さいっていうんで、そのへんの紙に書いただけなのに……」

「たとえば、あなたと噂されたプロ野球の選手に関して、〈あれはもう終ってしまったことで、私の中に何の痕跡《こんせき》も残していません〉と書かれてあるんだけど、そんなこと書いてない？」

「うん、絶対に。あたしなら、そんな言い方はしないと思う」

「あなただったら、どういう言い方になるの？」

「……………」

「しゃべりにくい？」

「ひとことじゃ、無理だよ」

「もちろん、ひとことじゃなくても、結構ですよ、こちらは」

「……………」

「オーケー、わかった。話題を変えましょう」

「わざとらしく変えなくてもいいけど……」

「ハハハッ。でも、いい」

「うん……」

「だけど、こんなふうにして、あなたたちの挿話とか伝説が作られていくんだということが、よくわかるな。それにしても、あなたは、実にいろいろな挿話が語られてきたけど、それもどうやら怪しくなってきた」

「たとえば、どんなの？」

「そうですねえ……たとえば……そう、あなたがね、楽屋で鏡を見ながら、これで憂《うれ》い顔に見えるかしらって、ひとりごとを言ってたとか」

「ありえないね、そんなこと」

「絶対に？」

「だって、その話の意味っていうのは、そうやって自分を作ってた、というんでしょ？　その頃も、いまも、自分を作るなんて考えたこともないもん」

「そうか」

「そういうのって、ほかにも似たような話があるんだよね。このあいだ、俳優の石立鉄男さんに会ったら、同じようなこと言うんだよね。あたしがデビューしたての頃、マネージャーがね、この子はちょっと眼を離すとすぐ明るくなるんで困るんですって、こぼしたらしいの。いや、そうこぼしたって書いてある本だか雑誌だかを、石立さんが読んだんだって」

「その話、かなり有名な伝説なんだけど、あなたは知らなかったの？」

「石立さんに言われて、初めて知ったの。それで、まさか、そんなことがあるわけないじゃないですか、と言って笑ったんだ」

「へえ、それは面白い」

「そういう話って、こっちの知らないところで、勝手に作られちゃうんだよね」

「話はよくできているんだけどな」

「ありえないよ、そんなこと」

「そうかな」

「たとえばさ、あたしの歌を、怨《うら》みの歌だとか、怨歌《えんか》だとか、いろいろ言ってたけど、あたしにはまるで関係なかったよ。あたしはただ歌っていただけ」

「そこに、あなたの思い、みたいなものはこもっていなかった？」

「全然、少しも」

「何を考えながら歌ってたのかな?」

「何も」

「何も?」

「ただ歌ってた」

「何も考えずに、何も思わずに?」

「うん」

「ほんと?」

「無心だったんだよ」

「無心?」

「それがよかったんだと思う。デビューしたての頃、ほんとに、あたし無心だった。無心でやってるときが一番いいみたい、なんでも、あたしは。歌もそうだし……麻雀《マージャン》もそうだなあ」

「麻雀をやるの、あなたは」

「最近はやらないけど、ね」

「どこで覚えたの?」

「沢ノ井さんの家に下宿していて覚えたんだ」

「沢ノ井さんて、沢ノ井龍二《りゅうじ》さんのこと？」

「そう。下宿してたのは二階だったんだけど、下で麻雀が始まって、面子《メンツ》が足りなくなると、すぐ呼ばれるわけ」

「簡単に覚えられた？」

「すぐ。ほんとに、すぐ覚えた。覚えないわけにいかなかったの。一回ざっとルールを教えてもらって、二回目からは本式のをやらされたから。でも、そうやっているうちに覚えた。ほんと、あっという間だった」

「賭《か》けて？」

「もちろんよ。安い麻雀だったけど、ちゃんとお金を賭けてたよ。その頃だろうな、あたしがいちばん強かった時代は。だって、負けても払うお金がないんだから。たった十円もない。だから、必死になって、負けないように打ってた。しかし、不思議と負けなかったんだ、これが」

「凄いね」

「その頃のことを知ってる人は、まだ強いと思い込んでるの。でも、もう駄目。あの頃の必死さがないもん。勝っても負けてもどっちでもいいでしょ、いまは。だから駄目。楽しめればいいとか、手の内をどうにかしようなんて考えるようになったら、ほんと勝てなくなった。昔は、必死にやってたから」

「なるほど」

「競馬も同じ。馬のことなんか何も知らないときは、とてもよく当たってた。ほとんど勘だけなんだよ。すごく勘が鋭かったと、自分でも驚くくらい勘がよかった。でも、馬についてなんとかわかるようになったら的中しなくなった。歌もそう。無心で歌っているときが一番いいときだったんだろうね」

「無心かどうかはわからなかったけど、あの頃のあなたはいつでも無表情に歌ってたという印象はあるな」

「うん……」

「さみしそうで、つまらなさそうで、それでいて無表情のような……不思議と記憶に残る顔だった。いま、眼の前にいるあなたより、むしろ鮮かなくらい」

「それはひどいなあ」

「ふだんでも、あんな顔してたの？」

「それが地顔なんだ、あたしの」

「地顔、ですか」

「あたしが、何も考えないでぼんやりしていると、どうしたの、何かあったの、なんて人から言われるんだ」

「別に、どうもしないのに？」

「そう。あたしのお母さんもよく言われたんだって。ぼんやりしてると、どうしたの、心配事があるのって言われたんだって。何も考えてなんかいないのに。親子二代なんだよ、この顔は」

「親子二代、とは面白い。……いつも、楽屋なんかではどうしてるの？」

「黙ってる」

「どうして？」

「つまらないから」

「つまらないから、黙ってるの？　みんなとおしゃべりなんかしないの」

「うん、しない。本を読んでるか、寝てるか、付き人の艶《つや》ちゃんと少し話すか……」

「化粧は？」

「十分くらいで終っちゃう。あたし、早いんだ。いつもそれでほかの人に驚かれるけれど。タレントさんの中には、一時間も二時間も鏡を見てててちっとも飽きない人がいるんだよね。あたしなんか、十分以上、自分とにらめっこしてるのはいやだな」

「女としては、見てる方が、案外、普通なんじゃないかな」

「そうかなあ。でも、それ、女の人だけじゃないんだよ。男の人も、髪をとかしながら、じっと何時間でも鏡の前に坐《すわ》って自分の顔を見つめているの」

「なんだか、気味悪いね」

「ほんとなの」

「まるで怪談だね、現代の」

「でもね、スターっていうのは、それくらいでなくてはいけないのかもしれないよ」

「そうかな」

「だって、凄いんだよ」

「何が」

「相手が。扱う相手が、もの凄く大きいんだもん」

「ああ、そういうことか。スターが相手としている……つまり、商売の相手ですね」

「たとえば、ここで、あたしのレコードが流れてたとするでしょ……」

「えーと、少々まぜっかえすようですが、ここでは、さすがにあなたの歌は流さないんじゃないかな。ホテルのバーというか、カクテル・ラウンジなんだから」

「それはわかってるの。だから、かりに、って言ってるじゃない。かりにね、ここに流れていたとしても、あたしは少しも嬉《うれ》しくない」

「どうして？」

「一軒の店で流れていようがいまいが、そんなことじゃどうしようもないの、この世界は。そんなことで嬉しがったり悲しがったりしてたら、しようがないの」

「ぼくだったら、電車の前の席で、ぼくの書いた文章を読んでくれている人がいたら、その日、一日中幸せだろうけどなあ」

「それとは全然ちがう世界なんだよ。海に魚がいるでしょ。その魚に、何十万本もの釣り針をつけた糸を流して、一度に釣り上げなくちゃあいけないの」

「一本、一本なんて、駄目か」

「一匹、一匹、ひとり、ひとりなんて、確かめながらやる商売じゃないの」

「そんな話も、あなたの口から出てくると、冷徹で凄味があるね」

「よく、福引とかクイズとかで、壜《びん》の中の硬貨を片手で摑《つか》むというゲームがあるでしょ」

「摑み取りだね」

「そのとき、誰も綺麗《きれい》なおかねだけよりわけて摑むなんてこと、しないでしょ。どれだけ多く、一気に摑めるか、必死じゃない。しかも時間はないから、早く、早く、と焦《あせ》るし、ね。あたしたちの仕事って、それと同じなんだよね」

「なるほど、とてもわかりやすい譬《たと》えですね」

「チャンスといっても、この世界には、あんまりないと思うんだ。ほかの世界にあるような、小さなチャンスというのが、ほとんどない。でもね、一度摑んだら、それはとても大きいんだ。ほんとに、とっても大きい」

「それだけに、ひどいことや、凄いことや、信じられないようなことが起こるわけだ」

「そうだと思う」

「つい最近なんだけど、渋谷の名画座で〈アイス・キャッスル〉っていう映画を見たんですよ、暇つぶしにと思って」

「あたし、知らないなあ。どういうの、それ。アメリカの映画?」

「そう、アメリカの、フィギュア・スケートの選手の物語。昔、よく、少女漫画なんかに、バレリーナ物というのがあったじゃないですか。鬼のようなコーチと可憐《かれん》な少女とか、意地悪なライバルと主役を争うとか、いろいろなパターンで」

「よくあったね、そんなの」

「その映画も実にくだらないストーリーだったんだけど、一箇所だけ面白いなって感じる部分があったんですね。主人公の、とても可愛《かわい》い少女が、田舎から出てきて一躍スターになる。あの札幌オリンピックのときのジャネット・リンみたいにね。すると、もう、いろんなパーティーなんかに引っ張り出されて、モミクチャにされるわけ。慣れないことだから、その子は困惑して、パーティーから抜け出してきて、ある人に訊《たず》ねる。どうして、みんな、私のこと、あんなに触ろうとするの、って。すると、そいつが答える。人は、自分にないものを持っているっていうのが、不思議なんだよ……」

「その話、少しわかるような気がするな」

「あなたも、人から滅茶苦茶《めちゃくちゃ》に手を差し伸べられ、触られ、モミクチャにされたんだろうなと思って、ね」

「ほんと、そうだった。若いときは、ね」

「若いときは、ですか？　若いときは、なんていう齢《とし》でもないだろうと思うけど、まだ」

「そういう齢だよ、もう。二十八になったもん」

「まだ、二十八じゃないですか」

「もう、ですよ。絶対に、もう」

「ほかの世界だったら、まだ、ひよっことしても、数えてくれないだろうになあ

「……」

「まででも、もうでも、どっちでもいいんだけど、本当に、若いときは凄かった。だから、婚約したり、結婚したときなんか、怖いくらいだった。殺してやる、とかいう手紙がきたりしてね。可愛さあまって憎さ百倍、とか、そういう感じで、恐ろしかった。漫才の人にね、うちの息子もファンだったけど、婚約したとたん部屋のポスターをビリビリに引き裂いてしまったんですよ、という話を聞かされて、ドキッとしたな。ファンの心理としては当然なんだけど、心が冷くなるようだった、そのときは」

「巨大なものを相手にしていると、凄《すさ》まじいことが起こるんだろうな、それは」

「仕方ないんだよね」

「そうかもしれない」

「うん……」

「よく、週刊誌に、あなたの年収を五千万とか六千万とかしているのがあるけど、あれはだいたい当っているの？」

「うん、そのくらいかな」

「ほんと！　凄いですね」

「いくらあたしだって、そのくらいの年収はありますよ」

「やはり凄い世界だな。二十代の女の子に、五、六千万の金を、ポンと投げ出すんだから」

「チャンスって、そうは転がってないけど、摑めば大きくて長つづきするんだよね、この世界のチャンスって」

「しかし、それが全然なくなるわけでしょ、引退すれば。……ああそうか、全然じゃないか。レコードの印税が入るかな」

「そんなの、引退したら、もうないよ。売れなくなるもん、レコードなんか」

「それでは、ますます大変なことになるんだろうけど、その五、六千万が入らなくなって、どうやって生活していくつもりなんですか。やっていけるの？」

「一年か二年は、仕事をしないでも食べていけるだけの貯《たくわ》えはあるけど、もちろん、一生、働かないですむわけじゃない」

「だったら、どうするの？　また歌うわけ」

「まさか！　でも、そのうちに、何かの仕事につこうとは思ってるんだ。お母さんだっていることだし、困らせるわけにいかないじゃない」

「大変ですね」

「別に」

「そうかな」

「そうだよ。だって……確かに、いままで、贅沢《ぜいたく》はしてきたよ。だけど、それはそれ、そういうこともありました、そういう時代もありました、っていうだけのことだよ。やっぱり、あたしは、家で御飯と漬物を食べるのがいちばん好きだし、親子丼《どん》とかカツ丼とか、御飯の上に何かがのっかっている簡単なものが好物だし、服だって、セーターとシャツとズボンがあれば、それでいいし……自信があるんだ、あたし」

「普通の水準の生活ができる？」

「できる。どんな生活にだって、耐えられると思う」

「耐えられる？」

「うん、耐えられる」

「歌ってさえいさえすれば、そんなに頑張って、耐える、なんて言わなくてもすむのに」

「歌いつづけていたら、もっと……」

「もっと？」

「…………」

「もっと、何なの？」

「……別に」

「何なのかなあ……」

「別に、何でもないよ。……でも、とにかく、いくらお金がなくても、平気、あたしは」

3

「おっ、やっと、酒がきた。遅くなって申しわけない。……と、ぼくが謝まる筋合いじゃないけど、ね」

「そう、仕方ない」

「きっと、そのレモンを、カリフォルニアから輸入してたんだろうね」

「フフフ。あまり面白くないけど、そうかもしれないね」

「なるほど。そうやって、大量にレモンを絞り込むところを見ると、酒を呑《の》むというより、酒割りレモンを呑むという感じなのかな」

「うん、あまり強くないから、あたし」

「いつもウォッカを呑んでいるの？」

「そうでもないんだけど」

「ウォッカ・トニックじゃないときは、何を呑んでるのかな」

「ふだんはね、ワイン。ワインじゃなければウォッカということにしてるんだ」

「ワインが好きなわけ？」

「どうなんだろう。ワインなら呑みやすいということなのかな」

「ウィスキーとかビールとかは全然やらないの？」

「うん、苦いだけで、ちっともおいしくない」

「ワインはおいしい？」

「おいしいかどうかわからないけど、ワインなら呑めるんだよね、これが」

「でも、藤圭子にワインというのは、何かそぐわない気がするな」

「そうかなあ……だったら、何だったらいい？」

「そうだなあ……そう言われてみるとわからないもんですねえ。日本酒というのも、いかにもという感じだし、焼酎《しょうちゅう》というわけにもいかないし、ブランデーもバーボンもあまり似合わないし……」

「らしい酒、なんてないんだよ」

「そうかもしれない。あなたが酒を呑むということ自体が、どこかそぐわない気がするし、かといって呑まないと言われたら、ほんとかいって言いたくなるだろうし、まったく不思議ですね」

「不思議でも何でもないけど、らしいとか、らしくないとか、みんなに勝手に決めつけられちゃうんだよね、あたしたちって」

「わずらわしい？」

「仕方ないと思っているから」

「では、まず、乾杯ということにしますか。何に乾杯だか、よくわからないけど」

「うん」

「今夜はよろしく、乾杯！」

「では、こちらも、あらためて……初めまして！」

「いや、それは違うんだ」

「えっ？」

「それは違うんですよ」

「何が？」

「初めてじゃないんです」

「初めてじゃない？」

「そう、初めてじゃないんだな、藤圭子さんとお会いするのは」

「ああ、そうか。それは、そうだよ。このあいだ、偶然、銀座で会っているからね。でも、こうやって、あらためて会うのは初めてだから」

「いや、それが違うんだ」

「どう違うの」

「このあいだ、銀座の酒場で会ったのが初めてじゃないんですよ」

「ほんと？」

「その前に一度、会ってるんです」

「冗談じゃなくて？」

「もちろん」

「………」

「あなたと、一度、しっかり会ったことがあるんだなあ」

「どこでだろう……わからない」

「わからない？」

「わからない」

「当然だけどね、わからなくて」

「どこで会ったの？」

「どこでしょう。……なんて、クイズごっこをしてもしようがないけど……パリで」

「パリ？」

「そう、パリ」

「いつ？」

「五年前になるかなあ」

「五年前に……パリで……ほんと？」

「ほんとに。嘘《うそ》じゃない。五年前の冬、パリに行かなかった？」

「えーと、五年前……。うん、確かにパリへ行った」

「中年の男性ひとり、あなたと同じくらいの年恰好《としかっこう》の女の子、それとあなた。三人だったよね」

「うん、そう、間違いない。そのとき、会ってるの？　ほんと？　沢木さんもパリにいたの？　旅行か何かで？」

「旅行といえば旅行なんだけど、一年もいたから、旅行という感じじゃあなくなっていましたけどね」

「一年もパリにいたの」

「あっ、そうじゃないんだ。パリにだけいたわけじゃない。香港《ホンコン》から始まって、東南アジア、インド、中近東、地中海沿岸、スペイン、フランスと転々としているうちに、一年が過ぎていたということだったんで……」

「仕事で、そんなにいろいろの国を旅行していたの？」

「いや、仕事じゃなかった」

「それじゃあ、遊び？」

「うーん、何と言ったらいいのかな。遊びには違いないんだろうけど……もう少し、切実な感じはあった。まあ、日本を出たかったんだろうな。日本を離れたかったんですね、どうしても」

「なぜ？　どうして離れたかったの？」

「それを説明していると、一晩中かかるかもしれないから」

「あたしは構わないけどな」

「こっちが構う。そんなことしてたら、あなたから何も聞けないうちに、夜が更《ふ》けてしまう」

「そっちの話の方が、よっぽど面白そうだよ」

「これはあなたに対するインタヴューなんだから……」

「インタヴューなんてつまらないよ、やめてそっちの話を聞かせてよ」

「困りましたね……まあ、どうでもいいんだけど……えーと、どこまで話は進んでたんだっけ?」

「五年前の冬、パリで会ったことがあるって」

「そう、そうなんだ。転々としているうちに、パリに辿《たど》り着いたわけですよ。着いたときには、もう疲労困憊《こんぱい》していたし、金もほとんどなくなっていたし、精神的にもかなり、そこここがほころびていてね、日本に帰ろうかなと、ふと思いはじめていたんですね。しかし、とりあえず、目的地のロンドンまで行き、オランダやドイツを廻って、またパリに戻ってきた。そこでさすがに終わりにしようと思って、有り金をはたいてパリの裏町で安いアエロフロートの航空券を買った、日本までの、ね。何万円とかいう、三万だったか五万だったか、とにかくベラ棒な安さなんだけど、それがひどいチケットでね。チケットに他人の名前が書き込んである。しかも女の名前なんですよ。万一、空港でチェックされて、乗れないようだったら、金は返してくれるというので買ったんだけどね」

「そんな切符があるの……」

「パリに飛行機で来て、金がなくなって、帰りのチケットを売り払ったりする奴《やつ》が結構いたんですよ、当時は。そのチケットの売買をしてなにがしかを儲《もう》けてる奴が、これまいた」

「面白いね」

「そのブローカーが言うには、オルリー空港はチェックがきつくないんで他人名義のチケットでも平気だ、いままで失敗した奴はいない、なんて感じでね。でも、アエロフロートは安売りの切符を乱発していたから、当然、予約は取れないわけ。かりに取れたとしても、僕の名前で予約したらいいのか、そのチケットの名義人の名前で予約したらいいのかわからないから、同じことだったんだけど……とにかく、ドサクサに紛れた方がいいだろうとブローカーも言うので、予約なしのままオルリー空港へ行ったんですね」

「他人の切符なんかで、ほんとに乗れるの？」

「自信はなかったけど、もうそのチケットで帰らなければ、永遠に日本へは帰れないだろうなんて、悲愴《ひそう》な気分になってたりしてね。いま考えれば、大袈裟《おおげさ》すぎるんだけど、そのときは必死で、とにかくオルリー空港に行ったんですよ」

「だって、最初に、パスポートと飛行機の切符を、スタンプを押してくれるカウンターの人に見せない？」

「オルリーは、そんなことしないと言うのさ」

「そうだったかなあ」

「ぼくも不安だから、ビクビクしてたんだけど、これがほんとにパスポートしか見なかったんですよ、出入国を管理しているカウンターではね。普通、ぼくたちの感覚では、飛行機会社のカウンターのオーケーがなければ、出入国の許可は下りないと思うんだけど、オルリーは違うんだ。空席待ちでも通してしまう。それを知らないもんだから、パスポートに出国のハンコをもらって、これなら大丈夫と胸をなでおろしてね、喜び勇んでアエロフロートの飛行機がとまっているゲートに急いだのさ。長い通路を歩いて……ゲートに着いたら、そこにまた飛行機会社のカウンターがあって、そこで座席の管理をしているわけ。外のカウンターでは乗れそうなことを言っていたのに、そこにいるオネエさんたちは、ひどく無情なことを言うんだよね。今日は本当の満席だから、予約の取れてない人は、まず無理だろう、なんてさ。無理だろうと言われたって、もう出国のハンコはもらってしまったんだし、こっちとしてはもう次なんかないわけさ。必死に喰い下がったんだけど、どうしようもないと冷く言われてね、ガックリしてたんだ。でも、もしかしたら、可能性はほとんどないけど、あるいは空席が出るかもしれないから待ってみるがいい、と言うので、なかば諦《あきら》めつつ、カウンターの傍の椅子《いす》に腰をかけたんだ。ああ、ぼくは、これでついに日本に帰ることはできないのか、哀れパリの土塊《つちくれ》となって果てるのか……なんて馬鹿《ばか》なことを思ったりしてね」

「可哀《かわい》そうに」

「ハハハッ。可哀そうというほどのことじゃないんだけど……だって、もっと可哀そうな人々もいたことだし……」

「えっ？」

「いや、まあ、いい。……とにかく、そうやって待っていたんですよね、椅子に坐って。予約のある人は、搭乗していくわけ、どんどんと。恐らく、ぼくはうらめしそうな眼つきをして見ていたと思うんだ。予約のある奴はもう来るな、って心の中で念じてたんだから。ひとりでも少なければ、それだけぼくも乗れる確率が高くなるわけじゃないですか。来るな、来るな、って念じながら、ぼんやり通路の方を眺めてたら、日本人らしい女の子が来たんですね。この野郎、こっちへ来るな、こっちへ来るな、と思ってるのに、どんどんこっちへ近づいてくる。で、何気なく、顔を見たわけですよ。すると、それが、驚くほど幼い、でも整った、人形のような顔をした少女だった。そのとき、久し振りに日本の女の子を見たような気がしたんだな。もちろん、そんなはずはないんだよ。パリでも、日本の女の子はいろいろなところで見ていたはずだから、ね。でも、なぜか、久し振りのような気がしたんだなあ。その子はね、いまもよく覚えているんだけど、黄色のオーバーを着ていたんだ。その黄色いオーバーの、胸のあたりだったかな、手のひらくらいの広さに泥のようなものがついていたんだ。どうしてそんなのがついているのか、理由はわからなかったけど、黄色のオーバーについているその泥が、鮮やかに眼に入ってきた」

「泥がねえ……」

「そう、泥。そのとき、全然、まったく脈絡なしに、その子がいじらしくなってきたんですよ」

「どうして？」

「なんと言うか……こう思ったんですね。この少女は、きっと、田舎から都会に出てきて、パーマ屋さんかなんかで働いて、何年か給料を貯《た》めて、ようやく憧《あこが》れのパリに来ることができた、アエロフロートの安いチケットを買ってね」

「どうして、田舎から出てきたって、わかるの？」

「その黄色いオーバーが、なんとなく野暮ったかった。確たる理由はないんだけど、それを見てそんなふうに思ったんだろうな。でも、その少女の顔は実に綺麗だった。色が白くて、肌のきめが細かそうで、博多人形みたいだった。その子を見たら、そうだ、ぼくも早く日本に帰らなければ、なんてますます里心がついたりしてね」

「へえ」

「その子の後にね、もうひとり同じ年恰好の少女がいて、この子も色が白くて美しい顔立ちなんだ。さらに、その後に中年の男性がいて、その人がアエロフロートのカウンターに行って、例のオネエさんたちと話そうとした。だけど言葉が通じないらしくて、ゴタゴタしてるんだよ。もしかしたら、この人はパーマ屋さんの引率の人で、言葉がわからないのかもしれないと思って、近くには他に誰も日本人はいないし、困るだろうと思って、近づいて行って、アエロフロートのオネエさんに事情を訊《き》くと、あの人たちは予約が入っていないので、ウェイティングしてもらうより仕方ないのだが、よく理解できないらしい、というわけさ。そこで、少しおせっかいとは思ったけど、ちょっと離れたところにいた三人に近寄って、どうやら出発間際《まぎわ》まで待つより仕方ないようですよ、と事情を説明してあげた……」

「あっ！」

「男の人は、明日から仕事だからとか、予約してあったはずだとか、いろいろ言ってたけど、ぼくには関係ないことだから、また自分の椅子に坐って、ぼんやりしてた」

「そう言えば……」

「清潔そうで、日本の女の子って綺麗なものだなあ、なんて思ったりしながら、チラチラとその子たちを盗み見してね」

「そう言えば、あのとき……」

「客はどんどん搭乗していくんですよね。こっちはそれをハラハラしながら見守るだけ。どうなることかと心配してたけど、一方では、ぼくが駄目なら、あの子たちも乗れないんだから、まあいい、あの子たちと同じパリにとどまるなら、なんて考えてもいたんだ」

「あのとき、そうか……」

「出発時刻になって、アエロフロートのオネエさんたちが呼ぶわけですよ、ぼくより前にウェイティングしてた人の名を、ひとりひとり、ね。その声が、だんだん間遠になっていって、あとひとりだけ、もうひとりは大丈夫、というふうな感じでオネエさん方が協議しつつ、呼ぶ。もう駄目かな、もう搭乗口は閉められちゃうかな、危ういぞという頃になって、ついにぼくの名が呼ばれた。喜び勇んで搭乗券をもらって入って行こうとしたら、例の女の子三人組も一緒に入ろうとして、オネエさんたちに制止されているんだよ。ぼくは搭乗口から飛行機に入りかけたんだけど、三人が途方に暮れているようなんで、引き返してオネエさんに訊くと、ぼくのが最後の一席で、この人たちにはもう今日は乗れないからと言ってるんだが、と肩をすくめるのさ。そこでぼくは、彼女の言ってることを三人に伝えて、残念だけど今日は乗れないから、次のフライトを待つより仕方ないようだと言ったんだ。三人はぼくの話に真剣に耳を傾けていたんだけど、そう伝えるとずいぶんガッカリしたような表情になってね。ああ、可哀そうに、明日か明後日《あさって》にはパーマ屋さんが始まってしまうんだろうな、なんて思いながら、じゃあ、と挨拶《あいさつ》して、搭乗口に向かい、飛行機に乗り込もうとして、あれっ、と思ったんだよね。あれっ、もしかしたら、あの子、って思ったんだ。立ち止まって、振り向いて、もう一度、その黄色いオーバーの女の子を見たら、やっぱり、間違いなく、藤圭子だった」

「そう言えば……あのとき……そういうことがあった。……そのときの男の人の顔は……もう覚えてないけど……そう、あのとき、飛行機に乗れなくて……そうだよ、そう、若い男の人がいろいろ言ってきてくれたことがあった、うん、そうだ……そうか、そのときの男の人が、あの男の人が……沢木さんなのか！」

「そう、そのときの男、なんですね、これが」

「ほんとに！」

「ぼくはとにかく飛行機に乗れましてね。ギューギュー詰めで、便所に行くのも大変というくらいでね。それでも機内食には安物のキャビアが出て、ワインなんかでそれを食べながら、さっきは、どうして藤圭子のことを最後まで気がつかなかったんだろう、なんてことを考えてた。あまりにも、実物が清潔そうだったからかな、とかいろいろね。しかし、ぼくは藤圭子の歌が好きだったから、たった一年くらい日本のテレビを見てないからといって、わからなかったのが不思議なんだけどね。シベリアの大雪原の上を飛びながら、女の子の黄色いオーバーを思い浮べているうちに、ああ、ぼくは日本に帰るんだな、と腹の底から感じたというわけですよ」

「そうだ、あの頃、黄色いオーバー着ていたなあ。黄色というかオレンジ色というか……」

「そう、着てた」

「そうか、あのときの男の人なのか。へえ、そうなのか……でも、不思議だね。人って、そんなふうにして、知らないうちに、会ったり別れたりしているんだね。そうなんだね……不思議だね」

「ほんとに不思議ですね」

「沢木さんは、どうしてそんなに長く、あっちこっち旅行してたの？」

「自分でも、よくわかっていない部分があってね」

「自分でわからないの？」

「そうだなあ……わかっていたのは、とにかく日本を起点として、少しずつ日本から離れていこう、ということだけだったな。ひとつひとつ国境を越えて行って……そうしたら、いつの間にかパリに着いてた」

「いくつくらいの国に行った？」

「その旅では、三十くらいかな」

「凄《すご》いね」

「全然すごくはないけど、一生のうちに、そう何度もできる旅じゃなかったとは思う」

「そんなに大変だったの？」

「とにかく金がなかった。有り金を全部あわせても、日本を出発するとき、二千ドル弱しかなかったからね。それで一年間、なんとか食っていたんだから……」

「そんなんで、生きていけた？」

「生きられたから、オルリー空港であなたと会えた」

「それはそうだけど」

「うん、なんとか生きていけた。ギリシャまでの生活費はとてつもなく安かったからね。宿は安いし、食物も安いし、それに……そうだ、酒もないしね」

「お酒がないの？」

「そう、インドとか中近東は、ね。酒をふたたび呑みはじめたのは、ギリシャからじゃなかったかな。そう、ウゾーという強い酒があってね。それから先は……ワインの天下だもんな、あなたの好きな」

「いろんな国のワイン、呑んだ？」

「呑んだ。それまで、ワインって、あまり好きじゃなかったんだ、ぼくは。でも、イタリアでもスペインでもポルトガルでも、もちろんフランスでも、ワイン、ワインじゃないですか。毎日呑みつづけているうちに、ないと寂しくなるようになってね。人間の味覚なんて、いい加減なものだから」

「どこのワインが一番おいしかった？」

「どこの何という銘柄、というようなワインは、まったく呑んだことがなかった」

「そうか、貧乏だったわけだからね」

「確かに、貧乏だったから。でもね、安い飯屋の定食についてくる、その飯屋独特のワインっていうのは、どこの国でも、軽くて癖がなくって、ほんとにおいしいんだ」

「へえ、そうなの」

「要するに水のようなものなんだろうからね。ボリュームで勝負してるような肉料理には、不思議と合うわけさ」

「そう……あたしも、普段は御飯に漬物があれば、ほかに何もいらない方なんだけど、ワインを呑むときは、肉が食べたいような気がするんだ。あれ、どういうんだろう。ほんとに不思議なんだけど」

「マラガ、っていう町があってね」

「マラガ？」

「マラガ」

「どこ？　それ」

「スペイン。スペインの地中海岸にある、避暑地なんだけど……」

「ちょっと待って、あたし、地理に弱くて、よくわかんないんだ。地中海っていうと……」

「そうか、えーと……ここに、ヨーロッパが、こうあるとするでしょ……この辺がフランスで、ここがパリとすると……こっち側にアフリカ大陸があって、その両方にはさまれた海が、地中海。マラガは、ここがスペインとすると、このあたりかな」

「わかった。そこが、マラガ、って言うんだね」

「そう。そこでね、ほんとにおいしいワインを呑んだことがあるんだ。居酒屋なんだけどね、そこは」

「居酒屋なんてあるの、そんなとこに」

「ぼくも知らなかったんだけどね。スペインには、バルといって立ち喰いをしつつ呑む店はどこにもいっぱいあるんだけど、そこみたいな居酒屋風の呑み屋はぼくにも初めてだった。町をぶらぶらしていたら、喉《のど》が渇いてきてね。夕方から夜になろうという時間だったもんで、ジュースってわけにもいかないな、なんて思っていたら、その居酒屋が眼についたんだ」

「居酒屋って、どういう感じの店なの？」

「細長い店で、カウンターが一本、奥に走っていて、客はその前で立って呑む。日本風のバーを、もっと大きく広びろとしたもの、と言ったらいいのかな。違うところといえば、壁に洋酒の瓶が並んでいるかわりに何十本もの樽《たる》が積み上げられている、ってことかな。端から端まで、ダーッと並べてある」

「樽って、どんな樽？」

「ビア樽と同じような、木でできた古めかしいワインの樽。それが、壁際に沢山あるわけ。初めはね、どうしてそんなに並べなければいけないのか、と思っていたんだ。

意味がわからなかった。日本にもよくあるじゃない、同じ銘柄のウィスキーの瓶を意味もなく無数に並べている店が。あれと同じなのかなと思っていたんだけど……」

「違ってたんだ」

「違ってた。二十本か三十本ある樽の中の酒は、全部、違う種類のワインだったのさ」

「全部？」

「そう、全部。樽に銘柄が書いてあって、注文すると、その樽から栓を抜いて、グラスに一杯、注いでくれるんだ」

「グラス売りをしてくれるんだね」

「そう、グラス一杯、五ペセタ」

「五ペセタって、いくらくらい？」

「当時のレートで……二十五円くらいかな」

「安いねえ」

「そうだね。そこには、ほんとにいろいろな種類のワインがあって、こっちはよくわからないから、あれとかこれとか指さすだけなんだけど、そうすると親父《おやじ》が黙ってグラスに注いでくれるんだ。甘ったるいのやら、どろりとしたのやら、いままで呑んだこともないようなのを出してくれるのさ」

「素敵だなあ！」

「それにね、カウンターの横にね、じいさんがひとりいて、大きなザルを前にして立っているんだよね。カウンターをはさんで、店の側じゃなくて、客のいる側に、ね。店の奥の方なんだけど。そのじいさんのザルには、かなり大きなハマグリがいっぱい入っている。そこに呑みにきた客に、売っているんだね。どうも、経営は独立採算制のようで、そのじいさんが自分で浜からとってきて、そこで売らしてもらっているようなんだ。潮にやけた、いい肌の色をしているんだよ、そのじいさん」

「そのハマグリ、どうするの？」

「客がその場で食べるんだ、酒の肴《さかな》として。じいさんに、五ペセタ渡すと、ハマグリの貝を小刀でこじあけ、中身を三つに切って、サッとレモンをかけて渡してくれる」

「生で食べるの」

「うん」

「日本の刺身みたいに？」

「そう。それだけなんだけど、おいしいんだ、新鮮で。じいさんは、その間、ひとこともしゃべらないんだけど、その手際のいいことと、レモンを絞る感じが、なんともいえず粋《いき》なんだ。ガキッとこじあけ、プツンプツンと切り、シュッと絞って、スッと差し出す……」

「いいなあ！」

「いいんだよ、とても」

「行ってみたいなあ、そんなところに」

「行ってみたい？」

「とっても行ってみたいよ。行って、自分の眼で確かめてみたい」

「あなたの眼で確かめたい？　本当にそんなふうに思うの？」

「思うよ、ほんとに。そんな旅行をしてみたかったんだ、あたしも。そんなふうにして生きて……でも、やろうと思えば、もうできるんだよね、あたしも。そうなんだ、できるんだ」

二杯目の火酒

1

「かなりピッチが早いじゃないですか」

「うん……喉《のど》が渇いてたから」

「もう一杯、もらいましょうか」

「うん」

「えーと……これと同じやつを、ひとつずつ下さい、ひとつ、って言い草はないか……一杯……やっぱり、一杯ずつ、か……一杯ずつ下さい。これでいいのかな？」

「どっちでもいいんじゃない、そんなこと」

「まったく。どうでもいい、阿呆《あほ》らしいことにこだわる癖があるんですね、ぼくは」

「そんなことも、気にしなくていいんじゃないかな」

「まったく！　やられているなあ」

「そんなことないよ」

「それにしても、さっき弱いとかいってたけど、かなり強そうじゃないですか、あなたも」

「お酒？」

「もちろん。ああ、そうか、気性だと思ったの？」

「どっちかなと思って」

「気性については、おいおい訊《き》いていくとして、まずは酒」

「強くないよ」

「どのくらい呑《の》む？」

「ウォッカだったら、五杯が限度かな」

「ほんとに？」

「ワインだったら、ボトルの半分」

「それ以上、呑むとどうなるの？」

「酔っ払う」

「酔っ払って？」

「眠くなる」

「眠くなって?」

「眠っちゃう」

「それだけ?」

「それだけ」

「なあんだ」

「なあんだ、って?」

「別に意味はないんだけど……お父さんは、強いの?」

「一滴も呑めないんだ」

「ほんと。だって、お父さんは浪曲師でしょ?」

「うん。でも、呑まないの。お父さんの十八番《おはこ》はね、おれは眼の不自由な女房と年子の三人の餓鬼を抱えて酒も呑まずに苦労してきた、っていう台詞《せりふ》なんだから」

「そんなに苦労してきたの、お父さんは」

「うーん。どう言ったらいいのかな。全然……まあ、やめとこう。お父さんについてはしゃべりたくないんだ、あまり」

「どうして?」

「いろいろありましてね。大変なんですよ、この人が。だから、やめてくれないかなあ……」

「わかった。オーケー。じゃあ、お母さんは酒はどうなの？」

「呑みますよ、かなり。一升、呑んでも平気なんじゃないかな」

「そいつは強い」

「好きっていうんじゃないらしいんだけど、みんなとワイワイするのが楽しいらしくて、呑み出すと、柄が大きいでしょ、どんどん入っちゃうみたい」

「柄が大きいのか、あなたのお母さんは」

「あたしの方が小さいんだ」

「そうなんだ。あなたは、どっちに似てるのかな」

「どっちかといえば、お母さん似らしい。ちょっとした仕草が似てるらしいの。でも、どっちにも、あまり似てないみたい。昔、お母さんと、あたしと、いとこの女の子と、三人で歩いていたりすると、お子さんですかって言われるのは、いとこの女の子だったらしいんだ。その子の方が、ずっと似てたんだって」

「この写真……週刊誌に載ってたんで、大宅文庫でコピーしてもらったんだけど……何歳くらいのときかなあ。利発そうな顔をしている、とてもいい写真」

「そう……それは……旭町にいた頃だから、小学校四年になっているか、いないかっていう時期かな」

「それにしては大人びた顔をしているよね」

「そうかもしれない。小学校四年にしてはませてるね」

「ふけてる。中学三年といっても、おかしくないんじゃないかな。むしろ、いまのあなたより、大人びている」

「それじゃあ、いまがずいぶん馬鹿《ばか》みたいに聞こえるじゃない」

「ハハハッ。そういうつもりはないけれど、そういうことになるかな。……でも、いるんだよね、子供の頃、とても苦労して大人びた顔をしていた少女が、成長してその苦労が薄れていくにしたがって、子供のような顔になっていくということが、ね。あなたは、その写真のときより、いまの方が何かが薄れているような感じがするな」

「そうかな……自分ではわからないけど」

「一般的には、いつでも、ふけてるって言われつづけてきたの？」

「うん」

「言われてたのは何歳くらいまで？　つい最近までそう言われてたのかな」

「最近まで言われてたら洒落《しゃれ》にならないじゃない、この齢《とし》になってふけてるなんて言われたら」

「ハハッ」

「十代までなら洒落になるけど、さ」

「デビューしたときもふけてると言われた？」

「そう、言われたな。お母さんがいつも言うんだけど、あたしは赤ちゃんの頃から……」

「ふけてたって？」

「変な言い方だなあ、それって。ふけてるってことはないけど……子供らしいところがなかったんだって。赤ちゃん赤ちゃんしてなかったらしいんだ。なんか、はっきりした顔立ちをして、男の子みたいだったんだって」

「想像がつくなあ」

「一枚、とっても好きな写真があってね、ちっこくて、男の子みたいで、ポケットに手をつっこんでいる、可愛《かわい》いやつ。それ、大好きだったんだけど、週刊誌だかテレビだかが持っていって、なくなっちゃった」

「その写真、ぼくも週刊誌で見たような気がするな。五月人形みたいな顔をしてたね、そう言えば」

「学校に上がるまでは、あたし、お父さんとお母さんの巡業についてまわってたでしょ。そのときも、男の子のような髪型をしてたから、興行先の人とか、いろんな人から、純平とか純太郎なんて呼ばれていたらしいんだ」

「なるほどね」

「とてもおとなしかったらしいの。楽屋でね、お母さんが舞台に立つ頃になって、袴《はかま》をつけはじめると、あたしのお姉ちゃんは、すぐ大声で泣き出したんだって。あたしはね、楽屋にいる手の空《す》いた女の人の方に這《は》っていって、オブオブとかいって、おぶってもらおうとしたんだって、いつでも。ほんとに手がかからなかったって、お母さんが言うよ」

「なんか、あなたの感じだなあ」

「近所の女の子が、よく抱かせてって、来たんだって。一度なんか、妹に頂戴《ちょうだい》という子がいて、お母さんが冗談にいいわよって言ったもんだから、翌日、お小遣いで綺麗《きれい》な服なんかを買ってきて、本気でもらいにきて、その子を納得させるのにとても困ったことがあるんだって」

「お人形さんを可愛がるように、可愛がっていたんだろうな」

「でも、そういうのって、話に聞くだけで、ちっとも覚えていないんだけどね」

「あなたが生まれたのは、本当は北海道の旭川じゃないんだって？　岩手県の一関……旅興行の途中だったとか」

「そうらしいんだ。でも、その頃のことはよく知らない。ほとんど知らないんだ、子供の頃のことって。記憶にないし、たまにお母さんに聞かされるくらいだから」

「お母さんは曲師《きよくし》だったの？」

「そうじゃなくて、お母さんも浪曲師なの。お父さんも、お母さんも」

「しょっちゅう、旅に出ていたわけだ、二人して」

「うん」

「子供の頃は、一緒だったんでしょ？」

「でも、その頃のことって覚えてないんだ、全然。小学校に上がる前だったし。ただね、話によると、巡業で汽車を乗り継ぐでしょ、そうすると駅の名前を読みあげるんだって。汽車が駅に着くと、教えもしないのに、看板なんかに書いてある駅の名前を読んだらしいの。なんだか、そうやって字を覚えたんだって。だから、あたし、学校に上がる前から字は読めたらしいんだ」

「お母さんが、そうおっしゃってるの？」

「うん」

「旅をしているうちに、字を覚えたわけだ」

「少しも記憶にないんだけど、汽車の窓から顔を出していたような感じだけは、どっかに残っているな」

「感覚的に、ね」

「いつも汽車に乗ってた。そういう気がするなあ」

「あなたが、自分で記憶していることで、一番早いのはどんなものがある？」

「そう……」

「たとえば、ぼくなら、二、三歳のときに、みんなにおだてられて、床の間かなんかで踊らされてた、なんて記憶があるんだけど、あなたにはそういった小さい頃の記憶はない？」

「ないなあ」

「何にも？」

「ないなあ……どういうんだろ」

「それじゃあ、小学校に上がった前後のことは覚えてる？」

「全然」

「えーと、一年のときの担任の先生は？」

「覚えてない。二年のときも、三年のときも」

「ほんとに？」

「校舎も、友達も、何も覚えてない」

「欠陥商品ですねえ、あなたの記憶装置は。どういうのかなあ……その時代のことは、まっしろけの感じなの？」

「まっくらけの感じ」

「だとすると、いつ頃の記憶からあるようになるのかな」

「小学校五年から。カムイへ引っ越してから」

「カムイ？」

「神さまが居る、って書くの」

「神居、か。なるほど。しかし、五年生といえば、十歳かそこらですよね。いま、あなたは二十八だから、人生のおよそ三分の一は記憶がないわけだ」

「我ながら、ずいぶんぼんやりしていたんですねえ。でも、人ってもっと覚えているものなの？」

「ぼくも記憶力はいい方じゃないんだけど、さすがにもう少し覚えているからね」

「お母さんが話してくれることを、いつも、へえー、へえー、って聞いてるばかりなんだ」

「それこそ、へえー、ですね」

「ほとんど覚えてないんだけど、何か特別な出来事があったりすると、少しだけ覚えているんだよね」

「どんなこと？　たとえば」

「たとえば、小さい頃、大きな池に落ちたことがあるんだ。兄貴と一緒にタニシか何かを取りに行って、落ちちゃったのね。そのとき、その近くで写生をしていた男の人が、池に飛び込んで助けてくれたんだ。ぐったりしているあたしを抱いて、家に運んでくれたんだけど、そのとき、あたしは赤い服を着ていたという記憶がある。きっと、お父さんやお母さんが巡業に行って、留守のときだったと思うけど」

「命拾いをしたわけですね」

「そう……それと、気が弱かった、っていう記憶があるな」

「気が弱かった？　あなたが？」

「あっ、ずいぶんな言い方じゃないですか、その言い方は」

「ハハハッ。しかし、あなたが気が弱かったって？」

「とても弱かった」

「子供の頃は、ね」

「いまだってそうだよ。オドオド、オドオドしながら生きてるよ」

「でも、デビューの頃のあなたは、気が強い、強情そうな顔をしてたと思うけど」

「そんなことないよ……」

「しかし、とにかく、子供の頃のあなたは、とても気が弱かったわけだ」

「うん……たとえば、ひとつ覚えているんだけど、教室で手が上げられないわけ。先生が質問して、わかる人は手を上げて、と言ってるんだけど、誰もわからなくて手が上がらないの。あたしはわかっているんだけど、恥ずかしくて、悪いような気がして、上げられないんだ、手を。どうしても、ね。とうとう、最後まで上げなかった……」

「それ、どんな教科だった?」

「算数」

「へえ、面白いね」

「うん……」

「あなたは、ずっと旭川で成長したわけでしょ?　最初に住んだ家はどんなだったか、覚えてる?」

「うん。旭町っていうんだけど……あれっ、もしかしたら、うんと小さいときに、違う町に住んでいたかもしれないけど……覚えているのは旭町の、市場の家」

「市場って、どんなふうな市場？」

「魚屋さんがあって、八百屋さんがあって、肉屋さんがあって、そういう普通の市場」

「そこに住んでたの？」

「そうじゃなくて、その横の家の二階を間借りしていたの」

「部屋がどんなだったか思い出せる？」

「二間しかなくて……そこに親子五人が暮していて……階段を降りると、土間にポンプがあるんだ」

「井戸水を汲《く》むのね」

「ポンプの前に桶《おけ》があって、そこから柄杓《ひしゃく》で汲んで水を使うような、そういう感じ」

「一階は誰が住んでたの？」

「大家さんのおばさん」

「部屋の中の様子は、いまでも、頭に思い浮べられる？」

「うん」

「窓の外には、何が見えた？」

「空き地。あたしたちが遊ぶ空き地が見えた」

「空き地の向こうは？」

「コンクリートの本通りがあった。それ以外のところは、みんな泥道だったけど……。このあいだ、久し振りに訪ねてみたら変ってたなあ。みんな舗装されていて、どこがどこだかわからなかった」

「このあいだって、いつ？」

「去年の秋」

「変ってた？」

「すっかり変ってた。……あたし、小さい頃、とってもパチンコがうまかったの」

「へえ、パチンコがね」

「いまみたいに自動式じゃなくて、ひとつ、ひとつ、穴から玉を入れて打ってた時代だけど。その頃、お父さんがよくパチンコ屋に行ってたんだ。パチプロみたいなことで食べてたから。一緒によく行ったんだ、あたしも」

「浪曲師をやめてたの？」

「仕事がこなかったんだろうね。だから、そんなことしてたんだと思うよ」

「お父さんに、くっついて行ってたわけか」

「そうじゃないんだ。お母さんにくっついてたの。いい台を取るために、お父さんはお母さんも連れていって、坐《すわ》らせておくんだ。お母さんは眼が見えないから、やってもうまくないでしょ。玉を減らすと怒られるから、お父さんの方が終るまで、黙って坐ってるの。ほんとにかわいそうなんだよ。お父さんはおなかが空くと、その席にお母さんを坐らせて、外に食べに行っちゃうんだけど、お母さんは何も食べられないでしょ、一日中。だから、少しの玉で景品のビスケットみたいなのと交換して、便所で急いで食べたりしたんだって……」

「そうなんだ……」

「学校から帰ると、お母さんがいないでしょ。お母さんがいないと寂しいから、ランドセルを置いて、あたしもパチンコ屋さんへ行くわけ。そこでひとりで遊ぶの。パチンコしたりして」

「お父さんから玉もらってやるわけだ」

「お父さんがくれるわけないじゃない」

「……というと？」

「床に落ちているのを拾って、ひとつかふたつ、あたしが弾《はじ》くと、だいたい入ったの」

「ほんと？」

「すごくうまかったんだ、ほんとに。それで、いつも、いろんな物もらってた」

「怖《おそろ》しい餓鬼だったんですね」

「それでね、このあいだ、去年の秋、旭川に行ったとき、寄ってみたんだ」

「旭町の近辺に？」

「そう。そうしたら、もう、ほんとに変っててね、わからないんだ。パチンコ屋さんがどこにあるのかも、わからなくなっていて……」

「十数年前といったって、そんなに、何がなんだかわからなくなる、ってほどでもないでしょ？　それは、あなたが、あまりにも地理オンチすぎるんじゃないのかな」

「そうじゃないの、変ったの。だって、その頃、夏になると、そのパチンコ屋から近くのアイスキャンディー屋によく行ったの、退屈だから。五円か、十円持って。そのアイスキャンディー、とってもおいしかったんだ。でも、そのキャンディー屋さんもわからないの。あれだけよく買いに行ったのに。味はよおく覚えているのに、場所が全然わからなかった」

「味、ほんとに覚えてる？」

「忘れない。……東京に行っても、よく思い出したもん。あのアイスキャンディーが食べたいな、って」

2

「しかし、ある一時期を除くと、だいたい浪曲師として興行して歩いていたんですよね、あなたのお父さんは」

「うん、だいたいね」

「お母さんがお父さんと一緒に旅に出てしまうと、あなたたち子供だけで留守番することになったのかな？」

「うん、三人で、ね」

「そんな、七つ、八つの子供たちだけで、どうやって生活してたんだろう」

「ほんの一時期は、近所のおばさんみたいな人が、ごはんを作りにきてくれたけど……そのときはひどかったな。鳥の餌《えさ》みたいな、なんて言うの、あれ、丸い、つぶつぶの……」

「粟《あわ》とか、ヒエとか、そんなのかな」

「ポロポロでまずかった。お母さんが作ってくれていたときには食べたことがなかったから。すぐに、そのおばさんは来なくなったけど」

「それ以後は、あなたたちで作って、自分たちだけで食べてたわけ？」

「そう。一日分の御飯代をいくらって、旅に出る前にお母さんにもらっておくんだけど、予定の日になっても帰ってこないことがあるんだ。行った先で、また新しい巡業先なんかが見つかって、そうすれば稼げるから、そのままそっちへ行っちゃうわけ。お金がなくなって……子供たちだけでしょ、とても困ったことがある」

「どうしたの、そんなときは」

「お米だけ食べてたり……一度なんかは納豆売りをしたこともある」

「アルバイトして手間賃を稼いだわけか」

「そうじゃなくて、少しだけ残ったお金で、近くの豆腐屋さんで納豆を分けてもらって、朝、売ったの」

「仕入れて売ったのか。少しは儲《もう》かった？」

「それを続けて、生活してた」

「そう……お母さんやお父さんがいなくても、結構、健気《けなげ》にやっていたわけですね」

「それでも、やっぱり、寂しかったよ」

「そうか、やっぱり寂しかったのか」

「それはそうだよ。特に、あたしは、お母さん子だったから、お母さんが一日でもいないのは、とっても寂しかった」

「そんなにお母さん子だったの？」

「小さいとき、昼寝をしていて、目が覚めたらお母さんが傍にいなくて、泣きながら探しに行ったことがある。ワンワン泣きながら……」

「お母さんの傍から、少しでも離れたくなかったんだね」

「ずいぶん大きくなるまで、一緒にくっついて寝てた。小学校の四年生くらいまで、お母さんの布団《ふとん》にもぐりこんでたな」

「乳離れしてなかったのかな」

「実際にね、かなり大きくなるまで、お母さんのオッパイを吸ってたらしいから」

「さっき、あなたの記憶がはっきりするのは、神居町に引っ越した小学校五年の頃からだって言っていたよね。しかし、どうして、旭町から神居町へ行くことになったの？」

「家を建てたんだ。昔のお金で五十万くらいじゃないのかな、借金して……」

「どこから？」

「お母さんの実家だと思う」

「昔といったって、ずいぶん安いね」

「土台だけ知り合いの大工さんに作ってもらって、あとは家族のみんなで作ったんだ。その頃、やっぱり仕事がなくて、一年くらい左官をやってたの、うちのお父さん。だから、そんな程度の金で作れたんだと思う」

「五年の、いつ頃、神居に転校したの？」

「夏、かな」

「どうして夏だと記憶しているの？」

「それはね、子供たちもみんなで家を作るのを手伝ったから。セメントと砂を買ってきて、お父さんが壁をぬったりしたんだけど、子供たちが水を運ぶ役をやったり、こねる役をやったり、混ざったやつをお父さんのところに持っていったりしたんだ。そのとき、とても暑かったことを覚えている。暑いさかりで、ほんとにカンカン照りでね」

「そうすると、二学期から神居の小学校に転校したことになるのかな」

「そうなるね」

「でも、どうしてそんなに、記憶が鮮明なんだろう。ただ引っ越したっていうにすぎないのに」

「どうしてかなあ……きっと、あたしが変ったからだろうな」

「変った？」

「明るくなったし、勉強もできるようになったし……」

「それはまた、どうしてなんだろう」

「さあ、どうしてなのかなあ」

「理由はわからない？」

「うん……」

「環境が変って、そのときから目覚めたということなのかもしれないね。ぼくもね、小学校の三年生くらいまで、ポケッとしていてね。ところが、三年の夏休みに野球がとても上達したんだ。そうしたら、そのときを境にして、いっぱしの餓鬼大将になり、同時に勉強も少しできるようになったんだ。そういう契機があったなあ……」

「あっ、そう言えば、あたしも同じだな。旭町にいた頃は、学校に友達はひとりもいなかったし、ひとりで静かにしているだけだったの。友達と口をきくなんてしなかったし、むろん、こっちから話しかけるなんて、恥ずかしくてできないわけ。ところがね、転校したでしょ。その最初のとき、黒板の前に立たされて、先生に紹介されるわけなんだけど、その授業の時間が終った、次の休み時間にね、友達がワッとあたしの席を取り囲んで、みんなで話しかけてきてくれたの。そのうちの、特に元気のいい子なんかが、どこから来たのとか、お父さんは何をしてるのとか訊いてきて……びっくりしたの。そして、その日から明るくなった」

「それって、よくわかるような気がするな。で、嬉《うれ》しかった？」

「びっくりして、嬉しかった。それからかな、友達ができて、学校へ行ってもハキハキするようになって……そうするうちに勉強ができるようになって……自分で、自分の気持とか、そういうのを表わせるようになったんだ」

「旭町から神居町って、どのくらい離れているの？」

「車に乗って、二、三十分かな。子供のときはずいぶん離れていると思っていたけど……まるでよその国に行くみたいに」

「いや、車で三十分なら、もう外国かもしれないね、子供の感覚なら。その遠さも、あなたを変える一因だったんだろうな。成績は全般的によかったの？　学校の科目はみんな好きだった？」

「好きも嫌いも、あんなの習ったことを丸暗記しちゃえばいいんだから、簡単だよ」

「そう？」

「そうだよ」

「そういうのを暗記するのは、不得意じゃなかったわけ？」

「うん」

「音楽はどうだった？」

「ペーパー・テストなんかよかったよ」

「歌は？」

「駄目だった、全然」

「へえ、それはまた、どうして」

「高すぎるんだよ、キーが」

「あなたのキーが？」

「違うの。みんなのキーが高すぎて、声が出ないの。だから、仕方がないから、口を開けてパクパクしてるだけだった、いつも」

「それじゃあ、唱歌は歌わなかったのか……」

「唱歌なんて、恥ずかしくて歌えないよ」

「どうして？」

「唱歌を歌ったり、みんなで遊戯したり、そんなの絶対に恥ずかしかった」

「変な子ですね、それは」

「学芸会で選ばれて芝居するのなんか、絶対にいやだった」

「なるほどね。あるいは、あなたなら、そうだったかもしれないな」

「うん……」

「体育はどうだった？」

「体育はまるで駄目だった。でも、体育も、普通の紙の試験があるでしょ、だから成績はよかったんだけど」

「跳んだりはねたり、っていうのが上手じゃなかったんだね」

「跳び箱とか、そういうのが駄目だった」

「そういえば、テレビのドリフターズの番組で、よくやらされていたよね」

「フフフッ。うまくない代表だもんね、あたしは」

「いや、あれはうまくない方が、見てる方は面白いし、可愛らしく感じられるものだから」

「そうかな」

「それは、そうですよ」

「うん……」

「子供のとき、別にそういったことで困らなかった？」

「別に困らなかったけど、駆けっこしても、いちばん遅い方だった」

「細い体だから、一見、速そうに感じられるんだけどね」

「やっぱり、そう思う？　自分でもそう思うわけ。ところが、運動会の徒競走なんかで六人で走ると、たいてい六番か、最高にうまくいって五番なんだ。自分じゃ、すごく速く走れているような気がするんだ、軽いから。でも、ほかの人の方がもっと速く走ってるんだよね」

「ハハハッ。まあ、そういうことなんだろうけど、しかし、おかしいなあ、当人は結構速く走ってるつもりだっていうのが、ね」

「ほんと、面白いね」

「あなたは、神居小学校から、そのまま神居中学校へ進んだわけでしょ？」

「そう」

「神居中のとき、成績はクラスでいえば何番くらいだった？」

「いつも、三番には入っていたな」

「それは凄《すご》いなあ。得意、不得意はなかった？」

「あたしたちのときって、五段階評価っていうの、それだったから……」

「ぼくのときだってそうですよ。別に、甲乙丙丁なんてことはなかった」

「そうか、そうだよね」

「で、その五段階のうち？」

「どの科目も、3というのをもらったことがなかったから」

「それは優秀ですね。特に好きだった科目はあるの？」

「数学」

「それは意外な……」

「そうかな？　意外かなあ。あたし、珠算の免状も持っているんだよ」

「ほんと？」

「二級を持ってる」

「へえ、またまた意外なことを聞く」

「半年くらい通って、パッと塾をやめてしまったけど、すぐ取れたんだ」

「どうして珠算なんか習おうとしたの」

「お母さんが無理に行けって言ったから」

「そうか、お母さんは、あなたに何か特殊技能のようなものを身につけさせようとしたんだろうな、きっと」

「二級の検定試験、一回で通っちゃった。塾の先生には、まだ無理だから三級を受けなさいと言われたんだけど、いいんだ面倒だから、なんてやったら受かっちゃった。

運がいいんだよね、何でも、最初は」

「そう……かな？」

「そのあとが駄目なんだよね。飽きっぽいのかな、あたし」

「さあ、どうなんだろう。持って生まれた勘のよさで、行くところまではすぐ行けるんだろうけど」

「そのあと、なぜか突き詰めていけないようになるんだよね、不思議と」

「学校以外に、家で勉強なんかした？」

「しない。けど、試験の前にはチョコチョコって、した。丸暗記して、それをそのまま試験のときに書けばいいんだから、簡単だった」

「それで三番くらいに軽く入ることができたのか。かなりなもんですね。頭がよかったんだろうけど、要領もよかったのかな？」

「どうだろう。寝床に入って、ノートを見てたっていう記憶はあるな」

「遊びの方はどうだった？　小さい頃は何をして遊びました？」

「うんと小さい頃は、ビー玉、パッチ……」

「パッチ？」

「紙でできた……こういうのを……はたいてやる……」

「ああ、メンコ」

「メンコっていうの。そんなの男の子と一緒にやってたな」

「少し大きくなってからは？」

「縄跳びとか……女の子らしいのになったのかな」

「旭川の小学校とか中学校では、どんなところへ遠足に行くの？」

「スキー遠足？」

「スキー遠足、って？」

「おにぎり持って、近くの山に行くわけ。スキーで滑って、学校の全員でね。でも、あたし、スキーを持っていなかったから……。みんなは、兄さんや姉さんのお古くらいはあるんだけど、うちにはひとつもなくて……だから、北海道で育ったくせに、いまだに滑れないんだ、あたし。スキーなんて、もう恐《こわ》くて、できなくなってるし……」

「そうか……」

「うん、そうなんだ」

「スキー遠足、か……」

3

「とっても綺麗《きれい》だね。高いところから街を見るのって。大好きなんだ、あたし。キラキラしてて、ほんとに綺麗……。あっちは、どのあたりになるんだろう」

「赤坂、霞が関、銀座、というところになるかな」

「そうか……あれが東急ホテルか。ずいぶん低く見えるね。綺麗だなあ、夜って」

「えーと、あなたの住まいはマンションの高い階にあるんでしたよね。夜景がそんなに珍らしいとは思えないけど」

「こんなに高くないもん。車の灯りがずっとつながってる……あれは高速道路?」

「じゃなくて、立体交差かな。その手前の暗くなってるあたりが、弁慶橋がある堀だと思うけど」

「東京が、ほんとに素敵に見えるね。……落ち着くなあ。ホッとする」

「ホッとする?」

「うん。周りにいるお客さんが、ほら、みんな外人ばかりでしょ」

「そうか、気にしなくてすむからね」

「それに、英語やなんかが低く聞こえてきて、とっても耳に気持がいい」

「あなたの……声だけど、小さい頃から、あんなガラガラ声だったの？」

「凄いガラガラ声だった」

「そのこと、自分でも気がついてたの？」

「自分じゃわからなかったけど、人からいつも言われてたから……」

「何て？」

「友達の家に行くでしょ。そうすると、友達のお母さんから、純子ちゃん風邪ひいてるのって、よく訊《き》かれたんだ。ううん、ひいてないよって答えると、そう……というわけ。どうしてそんなこと訊くのって、今度はあたしが訊くと、声が……と言われるんだ。子供心にも不思議でしようがなかった。どうして、いつも、いつも、風邪ひいてるのって訊かれるんだろう、と思ってさ。ほんと、よく言われたよ」

「学校じゃあ、唱歌を歌わなかった、とさっき言ってましたよね。家ではどうだったのかな、やっぱり歌わなかった？」

「それがね、小学校五年のときに、家で鼻歌を歌ったわけなの。それが、結局、こんなふうに歌うことになる、キッカケになったんだ」

「どういうことなんだろ。もう少し、詳しく説明してくれないかな」

「つまり、家で、なんとなく鼻歌を歌っていたわけよ。その頃に覚えた歌を歌っていたんじゃないかな、恐らく。こまどり姉妹さんの歌か、畠山《はたけやま》みどりさんの歌か、どっちか忘れてしまったけど、それを歌っていたら、お母さんが、いま歌ったの純ちゃん、って訊くわけ。そうだよ、あたしだよ。答えると、純ちゃん、うまいじゃない、って、そういう感じ。それで、おだてられて、乗せられて、もう一度ちゃんと歌ってごらんなさい、なんか言われたもんだから、調子に乗って歌ってみたの。それが、始まり。いいじゃない、なんて言われて、そのうちお父さんも来て、今度はテープにとってみよう、なんていうことになって……それが、すべての始まり」

「いいじゃないか、ということになって、それからどういうことになったの？」

「それから……純ちゃん、今度、お祭りで歌ってみてよ、ということになったわけ」

「へえ。偶然って、ほんとに、そういうかたちをとって訪れるもんなんだなあ」

「そうなんだね。だって、それまで、あたしは、ひどい音痴だと思われてたんだから、みんなに」

「ほんと？」

「だって、そんなひどいガラガラの変な声でしょ。ちっちゃい頃、巡業に連れていかれると、楽屋でもどこでも、馬鹿《ばか》のひとつおぼえみたいに、新撰組《しんせんぐみ》の歌ばかり歌ってたんだって。それを聞いてね、お客さんとか、興行先の人とかが、子供のくせに変な声だねって言ってね、だから音痴だと思われてたらしいんだ。お父さんもお母さんも、とてもいい声でしょ、だから、なおさら、そのひどさが目立ったんじゃないかな」

「あの……新撰組の歌って、どういうの？」

「知らない？　加茂の河原に、千鳥が騒ぐ、またも血の雨、涙雨、っていうの」

「ああ、それか。知ってる、知ってる。小さいときのあなたは、それを歌ってたのか」

「そうらしい」

「そうか……新撰組の歌は音痴に聞こえたのか」

「そうらしい」

「だから、わざわざあなたに歌わせようともしなかったし、あなたも歌おうとはしなかったわけなんだね」

「うん。意識して歌を歌うなんていうのは、それまで一度もなかった」

「音痴というより、あまりにも子供の声らしくないんで、頭から下手と決めつけられていたんだろうな」

「そうかもしれない。両親はあんないい声だから、その子はどんな声かと思ったら、ひどいんで驚いたって、よく言われたらしいよ」

「お父さんはどういう声の方なの？」

「村田英雄《ひでお》さんを、気持、もうほんの気持だけ、細くして、高くしたような、だから、とてもいい声なんだ」

「お母さんも、どちらかといえば、高い方？」

「うん、かなりね」

「初めてあなたが人前で歌ったのは、どういう場所だったの？」

「近所の、裏にある、お寺だったと思う。畳が敷いてあるようなところで、法事とかそういうやつのあとで、おばあちゃんたちが大勢いて……。でも、お母さんは、近所の神社の、お祭りの舞台だったたって言うんだけど、あたしは、二度目だったと思うんだ、それは」

「初舞台は、法事のあとの余興だった、というんだね」

「うん。確か、そうだと思う」

「お父さんたちの仕事も、そういったものが多かったのかな」

「そうだね。お祭りの余興とか、寄合いの出し物とか……呼ばれればどこでも行ったし、一座に入ったり……」

「一座に?」

「一座っていうか、いろいろな芸人さんの仲間に入って、ひとりいくらというお金をもらって、一緒に旅をするわけ」

「あなたも?」

「あたしは学校があったから、土曜と日曜だけ。だから、お祭りなんかが多かった」

「とにかく、五年生のときから、舞台で歌いはじめたわけですね。たとえ、どんな舞台であろうと……」

「そうなんだ」

「舞台でどんな曲を歌ったの?」

「畠山みどりさんの歌で、〈出世街道〉というのがあるの」

「知ってるよ。やるぞみておれ、口には出さず、腹におさめた一途《いちず》な夢を、っていうんだよね」

「そう、それをよく歌った」

「それが、あなたの、最大の持ち歌だったわけか」

「三曲くらい持ち歌があったけど、みんな畠山みどりさんの歌だった。次に〈浪曲子守唄《うた》〉を歌うようになって、その次に〈刃傷《にんじょう》松の廊下〉が得意な歌になっていったの」

「〈刃傷松の廊下〉って、知らないな」

「いい歌なんだよ、凄くいい歌」

「いずれ浪曲調なんだろうね。持ち歌はみんな一貫しているような気がする」

「そう言えば、そうだね。いまでも〈出世街道〉を歌うと胸がジーンとするんだ。いろんなことがよぎるんだよ。歌った神社やお寺とか、悲しかったことやなんかが思い出されて、いまでも平気で歌うわけにはいかない歌だなあ……」

「お父さんの浪曲の、得意の出し物っていうのは、どんなものだったの？」

「国定忠治とか、柳生十兵衛《やぎゆうじゆうべえ》とかの話……」

「お母さんは？」

「紀伊国屋文左衛門《きのくにやぶんざえもん》とか、オリジナルの何とかっていうのとか……」

「お母さんは、どうして浪曲師になろうとしたのか、あなたは知っている？」

「若い頃から眼が不自由だったでしょ、だから、大人になって親兄弟に迷惑かけないようにって、浪曲の先生に弟子入りして、自活できるようにしたらしいよ。足手まといになりたくないということで、その頃、浪曲やってれば食べていけるから、って、そういうことだと思うよ。お父さんと一緒になるときも、周りからいろいろ言われたらしいんだ。あいつとは、止《や》めろって。だけど、眼のこともあるし、家に残ると迷惑かけるからっていうこともあって……」

「浪曲をやろうというんだから、お母さん、歌はもともと好きだったのかな」

「そんなことないんだって。それしかなかったんだって。そう言ってるよ」

「お父さんの浪曲は上手だったの？」

「うまかった。お母さんも、お父さんのはうまかったって言ってる。浪曲はうまいんだけどって、周りの人も言っていたらしいの。うまいんだけど、短気で、気に入らないお客さんがいると、舞台から降りていって喧嘩《けんか》しちゃうんだって。だから、仕事の口がかかりにくかったんだ」

「あなたも、興行に加わるようになってからは、ショーの構成はどんなふうだったの？」

「ショーなんてもんじゃないけど」

「余興か、それでもいいけど」

「構成なんてないんだよ。あたしたちだけじゃなくて、民謡とか踊りとか、いろんな人たちがいることが多くて、いるそばからどんどん出ていくっていうだけ。そんなもんなんだよ」

「あなたは、舞台に出て、何曲くらい歌うの？」

「二曲くらい歌ったかな」

「バックは？」

「そんなのないよ」

「だろうね」

「伴奏もなければ、マイクもなし。……もしかしたら、マイクのあるとこもあったかな」

「衣裳《いしよう》は？」

「普通の、ふだん着てるような、大したことない洋服。しばらくして、ナイロンかなんかでできた、安っぽい着物まがいのを着て、出るようになったけど」

「そう」

「いろいろやってたんだよ、あたしも。太鼓たたいたり、踊りおどったり……」

「どうして、そんなことやるわけ？」

「時間をもたせなければならないんだ。だから、いろんなことをやらないともたないわけ。お父さんとお母さんは漫才をやってたしね」

「漫才を？」

「ネタはひとつしかないんだけど、よくやってたよ、そのひとつを。いまも、お母さんと、よくやったもんだね、と言って笑うんだけど」

「あなたが出るようになって、お客さんの受けがよくなったの?」

「まあ、そういうことなのかな」

「どういうことで、喜んだんだろう、お客さんは」

「初めの頃は、あれまあ、小さいのが出てきたと思ったら、ちゃんと一人前に歌うじゃないか、っていうような物珍しさだったかもしれないけれど、少し大きくなってからは、わりと、ちゃんと歌を聞いてくれてたなあ。結構うまいなあって、歌そのものに喜んでもらえたと思うよ。だって、マイクもない、ただの広間で、バッとあたしが歌うと、声が凄かったって、よくお母さんが言うもん」

「芸名は?」

「誰の?」

「あなたの、さ」

「三条純子」

「どこにでもいそうな、泥くさい、いい名前じゃないですか」

「エヘへ。田舎によくいる演歌歌手っていう感じだね」

「お母さんの芸名は？」

「寿々木《すずき》照子」

「お父さんは、確か、松平……」

「国二郎」

「そうだった。週刊誌で読んだところによれば、その名前は、誰かお師匠さんかなんかの関係から来てるのかな」

「さあ、どうだろう。でも、昔、お父さん、五月《さつき》一朗って言ってたの。ところが、これは大きくなってわかったんだけど、五月一朗っていう浪曲師は別にちゃんといるの。そのことは、子供心にはっきり覚えているんだけど、あるときどこかで五月一朗という人が興行してたんだよね。どうしてあの人、お父さんと同じ名前なのって、お父さんに訊いたわけ。そうしたら、おれが本物の五月一朗で、あいつは偽物《にせもの》の五月一朗だ、って言うんだ。あとで、大きくなってお母さんに訊いたら、違うんだって。あっちが本物で、大看板の五月一朗なんだって。おれが本物の五月一朗だっていうから、あいつは悪い奴《やつ》なんだ、お父さんの名前をかたって、ひどい奴だ、なんて思って……。長いあいだ、お父さんの芸名は五月一朗だと信じてた」

「どうして、松平国二郎なんだろ」

「これはヤバイ、とか思って、途中から適当に変えたんじゃないかな」

「漫画みたいに愉快な話ですね、まったく」

「ほんと、話を聞く人には面白いかもしれないけど……」

「大変な人だった？」

「うん、まあ……」

「お父さんって、博打《ばくち》はするの？」

「昔はよくやったらしいよ。やって、すってんてんになって、なんていうことは、よくあったらしいよ。齢《とし》をとってからは、あまりやらなくなったらしいけど」

4

「経済的には、かなり困ってたのかな、いつも」

「困ってた」

「どのくらい困ってた？」

「どのくらい、って？」

「そうだなあ……たとえば、学校でも、いろんな費用を払わなければいけなかったでしょ。PTA会費とか、給食費とか。そんなのくらいは払えるようだった?」

「どうだったろう……はっきり覚えていないんだけど……免除されていたのかな、生活保護を受けていたから」

「そうか、生活保護を受けている、ってほどだったのか」

「うん。たとえば、お姉ちゃんもお兄ちゃんも修学旅行に行けなかったし、あたしも行けないはずだったんだ、ほんとは。でも、なんでだったのかな、先生がポケット・マネーを出してくれたのかな、国が出してくれたのかわかんないんだけど、阿部《あべ》を連れて行かないのは可哀《かわい》そうだということになって、当日、急に行けることになったの。行かなくても平気だよ、なんてお母さんには言ってたんだ。心配させるの悪いから。その日は、いいよ、いいんだ、なんて言って布団にもぐっていたら、連れて行ってもらえることになって……ほんとに嬉しかった。別にあたし行きたくもないんだなんてお母さんには言っていて、ほんとに行かなくてもいいの、平気なのなんて訊かれて、行きたくないんだよって、前の晩まで答えてたのに……嬉しかったなあ、あれは」

「行けて、よかったね」

「うん、よかった」

「どこへ行ったの?」

「函館」

「どうだった？」

「旅館のお風呂《ふろ》が混浴で、とっても恥ずかしかったことを覚えてる」

「そのわりには、くだらないことしか覚えてないね」

「フフフッ、ほんと」

「クラスの友達なんかは、あなたがいろんなところで歌っているというのを知ってたのかな」

「知ってた」

「学芸会とか、そういったものに駆り出されなかった？」

「ほとんど出なかった。そういうのとは違っていたから。一度、クラス対抗しりとり歌合戦みたいのに出されたことがあっただけ」

「なるほど、歌を知っているから、かな」

「そうなんだろうね」

「お父さんお母さんの興行に出るようになって、学校の方はどうだったの？　たいていは土曜と日曜だったというけど、中学なんかで休んだことはあまりない？」

「ないなあ、それは。でも、二度くらい、まとめて休んだことはあったけどね」

「まとめて、と言うと……」

「二、三週間」

「仕事で？」

「そう。山の奥の飯場とか、海岸の漁師町に行く仕事が入ったわけ」

「山の奥、か」

「ほんとに、山の奥に、バラックの飯場小屋を建てて、トンカン、トンカンって、工事をやっているようなところなんだ。寂しかった。前にチョロチョロと小さい川が流れているだけで、あとは木ばっかり。飯場で寝泊りして……夜、寝るとき、さみしくて、さみしくて……」

「学校を休んで仕事に行くんだと言われて、いやとは言わないわけか」

「そうだね。頼まれると、いやとはいえない性分だし、それに困るわけじゃない、あたしが行かないと。それをわかっているから、山の奥でも、漁師町でも、どこでも黙ってついていった」

「漁師町へも行ったわけだ」

「帰りに、持ち切れないほどスジコをもらってね。それがなくなるまで、学校のお弁当のおかず、毎日スジコだった」

「そいつは……ちょっと」

「参りましたね」

「そうだろうね。……あなた、歌は好きだった？」

「別に」

「好きになったことは？」

「ない、な」

「いつも、いやだったの？　歌うのが」

「うーん、と。そうか、そうでもないんだな。あたし、小学校五年から舞台に上がるようになったでしょ。たとえば、風邪なんかひくと、声が出なくなるわけ。そうすると、しばらく、じっと、おとなしくしていなくちゃならないの。歌っちゃいけないわけだから、しばらく歌わないでしょ。そうすると、歌いたくて歌いたくてたまらないわけ。そういうことはあったな、確かに。そう言えば、歌手になってからも、やっぱり、少し長く休むと歌いたかったね」

「そうすると、やっぱり、好きと言っていいのかな」

「そうかも、しれないね。だから、休んだあと、ショーかなんかで一曲目を歌うとき、とても嬉しくて、気持がいいわけ。毎日、歌ってばかりだと、自分でもわからなくなるんだけどね」

「中学三年のときだっけ、岩見沢に引っ越したんだったよね、旭川から」

「うん」

「それはどうしてなの？」

「岩見沢にね、きらく園というヘルス・センターがあって、そこに仕事があったの。住み込みで」

「芸人さんとして？」

「そう、三人、芸人として」

「三人と言うと、お父さんとお母さんとあなた？」

「そう」

「お姉さんとお兄さんは？」

「もうバス会社で働いていたから、旭川に残ったの」

「あなたが一緒に行くことも、条件のひとつだったのかな」

「そうなんだって。北海道といっても、結構狭いから、どこにどんな芸人がいるとか、あそこに子供で歌うのがいるといったことは、すぐわかるんだね」

「転校するの、いやじゃなかった？」

「しばらく、岩見沢に来てからも、泣いてたな。毎日、クラスの友達に手紙を書いてた。でも、卒業まで、あと半年くらいだったから我慢できそうだったし……」

「いや、さ。半年くらいなんだから、転校を待ってもらえばよかったのに」

「でも、仕方ないもん。テレビやなんかが発達して、仕事がなくなっていたし、お父さんお母さんが安定した仕事につけるわけだから仕方ない、と思ってた」

「そうか。あなたが中学三年ということは一九六〇年代も半ばだもんな。テレビが入ってきて、そういう芸人さんたちの生活も厳しくなっていただろうからね。で、そのヘルス・センター、きらく園だっけ、それはかなり大きかったの?」

「大きくはないんだけど、岩見沢の町から三十分くらいのところだったから、みんなちょっとした骨休めには来るんだよね」

「岩見沢といえば、炭鉱があったよね。そこで、どんなことをやってたの?」

「そうだねえ……」

「ショーみたいなやつ?」

「とんでもない。ショーなんていうもんじゃなくて、五人とか十人とかの団体さんが来ると、そこの座敷へ行くわけ、その人たちが希望すれば、ね」

「舞台でやるわけじゃないのか」

「うん。そこには、あたしたちのような芸人がいることになっているから、いくらかのお金でお客さんは呼ぶわけよ」

「そのお金は、流しみたいに、直接あなたたちに渡してくれるの？」

「月給制だから……ただし、その人たちがお花をくれる場合はもらえるんだ」

「お花って、チップみたいなものですね」

「うん、お花、って言うんだけどね。あれ、どういうのか、だいたい百円札なんだよね」

「田舎だから、まだ百円札が活躍していたわけだ」

「それをチリ紙にくるんだりして、渡してくれるの。それを受け取ると、お母さんが座布団《ざぶとん》の下に突っ込むわけ。やっぱり、嬉しかったみたいだよ」

「そりゃあ、そうだろうな。しかし、もう少し詳しく説明すると、どんなふうに歌ってたの？」

「六畳から二十畳くらいまで、お客さんの部屋があって、呼ばれるとそこへ行って、その入口のところに立って歌うんだ。お座敷が何十とあるの。その日ごとに、今日はどことどこへ行ってください、って言われるわけ」

「それを聞きながら、客は吞《の》むわけだ。……休日は？」

「なかったと思うよ。ただ、忙しい日とそうじゃない日はあったけど」

「あなたたちの住まいは、ヘルス・センターの中にあったの？」

「従業員用の部屋をもらって……二部屋だったかな」

「その、きらく園っていうヘルス・センターは、いまもあるの？」

「一度、火事になったことがあって、建て直したんだって……あたし、デビューしてから行ってみたことがあるんだ」

「歌いに？」

「そうじゃなくて、岩見沢に仕事で行ったついでに、挨拶《あいさつ》をしにいったの。そして、泊ったんだけど……ほんとに、ああいうところへは行きたくないね」

「どうして？」

「夢でよく見てたんだ。夢には当時のままの風景や人が出てくるの。でも、現実に一度見ちゃうと、もう夢に見なくなっちゃうんだよね。なつかしい人とか、なつかしい場所とか、現実に見たり会ったりすると、それがもうなくなってしまうんだよ」

「そういうことは確かにあるね」

「悲しいけどね」

「岩見沢に引っ越したのが、中学三年の後半の時期。あなたは、中学を卒業したら、どうしようと思っていたの？」

「別に……」

「ああ、また、得意の、別に、ですね」

「ほんとなんだから、しようがないよ」

「就職するつもりだったの？」

「何も考えていなかった。進学は絶対に無理でしょ。先生は、もったいないから、ぜひ進学させろと言ってくれたんだけど……そんなことできないし。きっと、勤めればいいじゃない、と思ってたんだろうね。勤めるといったって、あたしたちだったら、どこかの商店の店員とか、工員とかそんなんだったろうけど。中学を出てすぐ勤めるといったら、だいたいそういうことだったろうけど、ね」

「そうしようと思ってた？」

「ほんとに、そんな先のことまで、考えていなかった」

「先といったって、すぐのことで、しかも一生のことじゃない」

「でも……」

「何も考えず、毎日、毎日、きらく園で、ただ歌っていたというわけなのかな」

「うん、何も。何も考えないで生きていた。人生について考えるのなんて、二十五過ぎてからだっていいじゃない」

「そりゃあ、ちっとも悪くはないけど。しかし、不思議な子だったんですね」

「そうかなあ。でも、考えるようになると、人生って、つまらなくなるんだよね」

「そうかな」

「そうだよ。考えないにこしたことはないんだよ」

「何か、そのあたりに、あなたの考え方の特徴があるようだってことだけはわかるんだけど……」

「わかっていたことは、食べて、寝て、生きていくってことだけ」

「そのとき、あなたは十五歳の少女だったはずなのに……」

「………」

「毎日、毎日、その日、その日を送っていたのかな、ほんとうに」

「その中で、ただ喜んだり、悲しんだりしていただけ」

「それじゃあ、何が嬉しかった、あなたには」

「おいしい物を食べられたら嬉しいし……見る物すべて食べたかった」

「いまと違って健康だったんだ。いまのあなたには、とうていそんな食欲はなさそうだもんな」

「でも、それは、いつでも食べられるからなんだよね。ひもじい思いをする前に食べられるから。ひもじければ……本当にひもじければ、何でも食べたいし、何でもおいしいよね。本当にひもじかったときの感じが、あたしの体の中にもはっきり残っているみたい。ひもじくて、ひもじくて、あれが食べたい、これが食べたいと思うことがほんとに何度もあった。でも……それは、ちっとも、不幸なことじゃなかった」

「それじゃあ、何が悲しかった？」

「お父さんに怒られれば悲しいし……お母さんに怒られたことは一度もないんだよね」

「どんなことで、お父さんに怒られるの？」

「うーん。その話はしたくない、あんまり」

「そうか。問題は、いつも……悲しいことは、お父さんなんだね」

「…………」

「お母さん子だったと言ってたね」

「うん、そうだったから、実際に。お母さんがお姉ちゃんと一緒に買物に出たりすると、心配でたまらないの。自動車やなんかにぶつからないかな、お姉ちゃんじゃなくて、あたしがついていってあげればよかったって、帰ってくるまで心配なんだ」

「大きくなったら、お母さんにこうしてやろう、ああしてやろうなんて、小さい頃から思ってたのかな？」

「それはね、思ってたみたい。よく、お母さんには言ってたらしいよ。大きくなったら、あたし、金持の社長さんのお嫁さんになって、きっと楽をさせてあげる、って」

「金持の社長さんのお嫁さん、か。いじらしい子ですね」

「うん、なんか、そう言ってたらしいよ」

三杯目の火酒

1

「おっと、もう、二杯目のグラスが空になってる。同じものをもらいますか?」

「そう、まだ呑《の》めそうだな」

「まだまだ。だって、チラッとでも顔に赤味がさしてないもの」

「あたし、あんまり赤くならないんだ」

「そうなの」

「赤くなる前に、引っ繰り返っちゃう」

「ほんと?」

「冗談。でも、昔、よく引っ繰り返ったなあ」

「ほんとに?」

「ほら、お父さんが呑まないから、あたしも呑んだことがなかったわけ。いたずらとか、そんなのでも。だから、十七になるくらいまで、ビールって甘いものだと思ってた。真面目《まじめ》に、よ」

「一度も呑んだことなかったんだね」

「うん。流しをしてるとき、初めて口に入れてびっくりした」

「客かなんかに呑まされたの?」

「いや、そうじゃなくて。流しやってると、四十曲とか五十曲とか、どうしても数多く歌うでしょ。だから喉《のど》が疲れるわけ。どうしてもよく声が出なくなったときがあって、ビールでうがいするといいよって教えられて、勢いよく口に入れたら、苦いじゃない。慌《あわ》てて吐き出した」

「それ以来、酒は……」

「ぜんぜん呑まなかったんだ。よく呑むようになったのは、デビューして、だいぶ経《た》ってから」

「そうなんだ」

「一度、デビューして、間もない頃、呑んだことがあるんだ。仕事先で何かいやなことがあって、そういうときにはお酒でも呑んで忘れなさい、なんて勧められて。ウィスキーをコップにこんなに注がれて、グッと一息で呑むといいっていうから、ウィスキーがどういうものなのかも知らずにクィーと呑みほしたら……コテッと引っ繰り返っちゃった」

「可愛《かわい》いね。そんなときもあったわけだ」

「それからも、だいぶ引っ繰り返ったな、呑みすぎては」

「あなたがさ、デビューするきっかけになったものといったら、やっぱり、岩見沢で行なわれた雪祭り歌謡大会、ということになるのかな？」

「そうだろうね」

「どうしてあなたがそんな大会に出ることになったの？」

「東京から来るはずだった歌手が急に来られなくなったとか、そういうことで……」

「その歌手って、誰？」

「知らない。無名の人でしょ。有名な人であるわけないよ。田舎のただの歌謡ショーだったんだし、頭数だけで集められたような歌手だったと思うよ。だいいち、あたしがその人のかわりに長靴はいて歌えたんだから」

「数が足らないから、きらく園のあの女の子にでも歌わせてみるか、なんて感じだったんだろうな」

「そうなんじゃないかな、きっと」

「会場は？」

「岩見沢の市民会館」

「大きいの？」

「かなり。千人くらい入るんじゃないかな」

「何を歌ったの？」

「北島三郎さんの〈函館の女《ひと》〉を歌ったんだ」

「そのとき、どんな気分だった？　初めて、そんな大勢の前で歌ったわけでしょ？」

「何も覚えてない」

「まったく？」

「うん」

「あなたは、大事なことを、まるで記憶してないんだから、まったく。こっちの身にもなってほしいよ」

「エヘヘ。すみません、と謝まらなくてはいけないんだろうか、あたしは」

「まあ、謝ってくれなくても結構ですが、ほんとに弱ります。で、その歌謡ショーで歌って、その直後に、八洲《やしま》さんという作曲家が……」

「来たわけ。歌手になる気はないかと言って、あたしに会いに来てくれたわけ」

「それを聞いてくれていたんだね」

「そうらしいの。プロになる気があるんなら、東京に出ていらっしゃい、と言ってくれたの。勉強してみないか、って」

「その八洲さんという人は……」

「八洲秀章《ひであき》という人で、〈あざみの歌〉とか〈山のけむり〉とか、お母さんたちがよく知っている、古い大ヒット曲を作った人なの。紳士な、立派な人だった」

「そうか、その言葉で、東京に出ていくことにしたのか。雪祭りといえば、一月か二月だよね。すぐに卒業の時期になる」

「だから、卒業してから東京へ行くことにしたの」

「不安はなかった?」

「別に……」

「ああ、また、あなたお得意の、別に、だもんな」

「だって、しようがないよ。別に、何てことない成り行きで東京へ出ていったんだから。何がなんでも歌手になるとか、スターになるとかいう考えがあれば、それはいろいろ不安だろうけど、あたしには何もなかったもん。ただ、お父さんお母さんが決めたことに従っただけ」

「東京に出てきて、初めて住んだのは西日暮里《にしにっぽり》だったということだけど、それはなぜ？」

「なぜなのかなあ」

「週刊誌によれば、お兄さんが見つけておいてくれた、とか」

「それはないと思うよ。だって、東京に出てきたのは、まずお母さんとあたしの二人だけだったんだから」

「何月何日だか覚えてる？」

「覚えてる」

「珍しい！」

「だって、それは卒業の日だもん」

「えっ？　どういうこと」

「中学の卒業式の日に、岩見沢を出てきたの」

「当日！」

「そう。卒業式に出て、卒業証書をもらって、それから汽車に乗って、東京に向かったの。だから、よく週刊誌に、中学もろくに出ないでなんて書かれるけど、それは間違いなの。中学はちゃんと卒業してるんだ、あたし」

「それまで、どんな遠くに行っても、北海道の外に出ることはなかったわけでしょ？　少なくとも物心がついてからは」

「うん」

「青函《せいかん》連絡船に乗ったとき、寂しくなかった？」

「別に」

「で、とにかく、西日暮里にアパートを借りて、やがてお父さんも出てきて……それでどうなったの？」

「あたしは、八洲先生のところでレッスンを受けたわけ」

「レッスンっていうのは、どんなふうなことをやるのかな」

「普通に発声の練習をしたり……歌謡曲の歌手の場合は、先生が作曲して、まだ世に出てない曲をもらって、歌いこんでいくというようなことをするんだ。だからって、それが自分の曲になるとは限らないんだけどね」

「でも、それだって、毎日じゃないだろうから、暇なときはどうしていたの？」

「それがね、結構、忙しかったんだ。八洲先生が、歌だけじゃなくて、いろんなものを習わせてくれたから。踊りとか、演技とか……」

「踊りって、日本舞踊？」

「舞踊アカデミーっていうところで、いろんなことをやらされるの。モダン・ダンスとか……」

「モダン・ダンス？　あなたが？」

「ほんとに、恥ずかしくて、参りましたよ。ひとつ、やっと覚えたかなと思うと、もう次にいってるし。芝居のレッスンでも、台詞《せりふ》なんて恥ずかしくて言えないじゃない、ほんとに困った」

「八洲さんっていう方は、あなたにとっては、とても感謝すべき人なんだね」

「そうなの。でも、オーディションがうまくいかなくて」

「オーディション？」

「新人歌手として取ってもらう前に、レコード会社でテストを受けるわけ。八洲先生はビクターの専属だったから、ビクターでオーディションを受けたんだけど、落とされちゃったんだ。二度も、ね」

「落ちた理由は？」

「よくわかんないんだけど……声があまりにも、齢《とし》にしては幼なすぎるとか、ふけすぎてるとか、どっちかで」

「どっちかと言ったって、その二つではえらく違うじゃないですか。しかし、幼なすぎるということはなかったろうから、きっとふけすぎてるということだったんだろうな」

「そうかもしれないね。それに、あたしたちみたいな声って、森進一さんや青江三奈《あおえみな》さんが認められるまで、ぜんぜんよくないと思われていたしね」

「あなたが東京に出てきたのは、昭和四十二年だよね。そうか、それがちょうど声の価値基準が変化する、はざかいの時期だったんだね」

「それに、流しをしていて、声が荒れてただろうし……」

「あなたが流しをしていたって話、よく聞くけど、あれ、ほんとなの？」

「うん」

「どこで？」

「錦糸町《きんしちよう》と浅草」

「流しって、呑み屋のノレンをくぐって、お客さん一曲いかがですかっていう、あれでしょ？」

「そうだよ」

「流しは、東京に来て、すぐ始めたの？」

「そうじゃないんだ。しばらくはモデルをやったり……」

「モデル！　あなたがファッション・モデルやってたの？」

「すぐ、そういうひどい言い方をするんだからな、沢木さんは」

「いや、そういうことじゃないんだけど、意外だったから、あまりにも」

「フフフッ。でも、ファッション・モデルなんかじゃないんだよ。誰の紹介だったのかな、小さい、いい加減なプロダクションに入っていたことがあって、アルバイトをしたりしてたんだ。女の子の雑誌の実用記事なんかの、髪型のモデルとか……」

「そうか、髪のモデルか」

「それとか……歌謡番組で、昔、テレビでブルー・コメッツなんかが歌うと、雪景色のセットに、スキーの恰好《かっこう》をした女の子が、白樺《しらかば》の木の横に立ってるとか、暖炉にあたってるとか、そんなのがあったじゃない。横顔とか、後姿だけとか……そんなアルバイトもしたな」

「ハハハッ、後姿だけ……」

「でも、それだけじゃあ、いくらにもならないし……だから、一度はおそば屋さんにつとめたこともある」

「そば屋の店員に？」

「日比谷の帝国劇場の地下に、おそば屋さんがあるんだよね。店員募集っていうのを見て働きに行ったの」

「へえ」

「でも、一ヵ月くらいでやめちゃった」

「つらくて？」

「そんなことでやめるわけないじゃない。そこの店長っていうのかな、責任者の男の人が……誘うわけ。制服みたいの貸してくれて、それをロッカーで着換えるんだけど、終わるとその入口で待っていて、毎晩、誘うんだ、お茶を呑みに行こうとかなんとか。いつも断っていたんだけど……それがいやで、やめちゃった」

「そうか。当然そういうことがあったろうな、あなたなら」

「それ、どういう意味？」

「えーと、だからさ、その頃のあなたは、一生懸命で、健気《けなげ》に生きている、可愛い少女だったろうから、ぼくが店長でも……そのそば屋の店長だったとしても、毎晩、同じように張り込んでいたろうな」

「いまだったら？」

「ハハハッ。それは、一考の余地があります」

「変ってないんだけどな、あたしは。あの頃も、いまも……」

「そうかな？」

「そうでもないのかな……」

「どうだろう……」

「そうだ、それに、北海道に歌いに行ったこともある、その頃」

「デビューする、ずっと前の話でしょ？」

「そう。八洲先生がね、北海道の温泉の歌を作って、その発表会に連れて行ってくれたの」

「あなたが歌ったわけ？」

「うん。層雲峡音頭《おんど》とか小唄《こうた》とかいうんだけどね。そうだ、その帰りに、どこかのキャバレーで仕事もしたなあ。夜は、ホステスさんたちが泊っているところに、八洲先生と泊ったの。同じ部屋なんだよね、これが。あたし、まだ子供だったけど、なんとなく危険を感じて、八洲先生に言ったんだ。あたし、あっちでおねえさんたちと寝ます、って。もちろん、八洲先生って、絶対そんな変なことをするような人じゃないんだよ。でも……恐《こわ》かったんだろうね。初めてだったから、よその人と二人だけで、寝るなんて。だから……」

「そうしたら、八洲さんは、何とおっしゃったの？」

「ああいう人たちは、女の人でも恐いんですよ、って」

「ハハハッ、そいつはいい」

「ほんとに、そう言ったんだよ。だから、あたし、子供で何も知らないから、そうなのか、こういう女の人たちは恐いのかって、その理由もわからないままに、そう思ったの」

「で、八洲さんと同じ部屋で寝たわけか」

「うん。固くなって、横になってた。別に何もなかったけど、ね。八洲先生がそんなことするはずないもん」

「そうか……そんなこともやってたんですか」

「やってたんだ」

「そのうち、流しをするようになったんだね？」

「そう」

「あなたが十六か、十七の頃……」

「そうだね。沢ノ井さん家《ち》に下宿するまでやってたから、そう、十六から十七歳のときだね」

「ひとりで流してたの？」

「そうじゃないんだ。お父さんとお母さんと三人でやってたの。お父さんとあたしがギターでしょ、それにお母さんが三味線を持って、一軒一軒まわってたんだ」

「はじめは、お父さんとお母さんだけでやってたんでしょ。どうしてあなたも一緒に流すことになったの？」

「それはね、簡単な話なんだ。つまりさ、お父さんとお母さんだけじゃ稼げないわけ。生活できないわけ。あたしも歌手になれそうもないし、あるとき、お母さんに、純ちゃんすまないけど、一緒に流しをしてくれないかいと言われて、あたしも別にかまわなかったから、その翌日から錦糸町に出たんだ」

「いやじゃなかった？」

「仕方ないよ、いやなんて言えないよ」

「それはそうだよね……」

「なんか、流しにも元締めみたいな人がいるでしょ。その人に話を通してみたら、遠くから出てきて可哀《かわい》そうと思われたらしくて、やらせてくれることになったらしいんだ」

「初めての夜は、どうだった？」

「それは……恥ずかしかったよ」

「どんな恰好で流したの？」

「どんなって？」

「服装」

「ああ、普段、着ているようなボロ」

「ギターは？」

「これもガタガタのやつでね」

「そのギターで、お客さんの伴奏をつけてたの？」

「そうじゃなくて、ほとんど自分が歌ってた。三曲歌って、二百円もらうの」

「変な客はいなかった？」

「変なって？」

「からかったり、さわったり」

「それはあんまりいなかったなあ」

「お父さんと一緒にいたせいかな、それは」

「そうかもしれないね」

「どんな歌を歌ってた？」

「いろいろ……言われて歌えないのも口惜《くや》しいし、歌詞カードを見ながら歌うのもいやだから、家で懸命に覚えたな、いろんな歌を」

「しかし、あなたみたいな女の子がギター抱えて店に入ってきたら、これはびっくりするだろうなあ」

「そんなことないよ。そんなことで驚くような世界じゃないよ、夜の世界なんて」

「でも、あなたみたいな女の子の流しなんて、錦糸町にも、浅草にもいなかっただろうからなあ」

「そりゃあ、そうですよ。だから、どんな不景気でも、仕事はあったんだから」

「やっぱり、びっくりするよ。……錦糸町までは国電で通ってたの？」

「うん。日暮里の駅から電車に乗って……そう、よく通ったなあ。親子三人で、ギターと三味線を抱えて……錦糸町まで……」

2

「沢ノ井さんと会ったのは、浅草？　それとも錦糸町？」

「違うんだ」

「でも、言ってたじゃない、つい先だってのテレビ番組で、沢ノ井さん自身が。〈人に歴史あり〉とかいうやつで、あなたがギターを抱えて通りから現われたときは、まるで映画のワン・シーンを見ているようだった、って」

「沢ノ井さんは、それぱっかりなんだよね。ほかにしゃべることはないのかな、って思うくらいに、ワン・パターンなんだ。確かに、浅草で会ってるんだけど、そのときは二度目なんだ」

「最初はどこで？」

「上条たけし、という先生の家で」

「それは？」

「レッスンを受けてたんだ。発声だったかな」

「八洲先生の方はどうしたの」

「オーディションはうまくいかないし、少しずつ離れちゃったんだよね。ビクターで二回、東宝レコードでも落ちたし。でも、上条先生のところも、八洲先生が紹介してくれたんだと思うよ」

「流しをしていても、レッスンだけは受けていたわけだ。そこに、沢ノ井さんは、何の用で来ていたの？」

「さあ……とにかく、レッスン場に変な男の人がいるな、とは思っていたの。汚なくて、むさくるしい男の人が、立って見てた。でも、そのときはひとことも口をきいていないんだよ。その人が、浅草に会いに来たわけ。上条先生に、浅草で流しをしているって、聞いてきたんじゃないかな」

「それは、冬?」

「そう、寒い冬だった」

「そんな夜に、ギターを抱えた女の子が、浅草の裏町を流しているのを見たら……それも、会いに行って、不意に暗い街角から姿を現わすのにぶつかったら……もう、誰だって、宿命的なものを感じるだろうな。これだ、自分が探してたのはこれだって、そう思ったとしても無理ないよ。しかも、その子は歌が下手じゃないんだもんな」

「沢ノ井さんもそう言ってた。あたしに賭《か》けてみたいって」

「沢ノ井さんという人は、本来、何をする人なの?」

「作詞家。ぜんぜん売れない作詞家だった」

「へえ」

「沢ノ井龍二っていう、東芝の専属作詞家なんだけど、ヒット曲もないし、ぺーぺーの人だったの」

「その当時、沢ノ井さんは……二十七歳か。若かったねえ」

「ボサボサの頭で、ヨレヨレの服でね。その人がいくら、自分がスターにしてみせるからといっても、普通だったら信用しないよね」

「それが、あなたは信じた」

「信じた、というほどはっきりしてはいなかったんだ。浅草で会ったとき、別れ際《ぎわ》に、住所を書いた紙をくれて、ぜひ連絡してくれって言うんだ。お母さんと二人でいいから、遊びに来てくれって。あとで、お母さんと、変な人だったね、どうしようか、行くのやめようか、でも暇なんだから行くだけ行ってみようか、というんで、二人で沢ノ井さんの家に行ってみたの。新宿の厚生年金会館の裏の、古い二階家にお母さんと住んでいてね。沢ノ井さんに熱心に口説かれて、その熱心さに負けて任せることにしたんだ」

「そこで、沢ノ井さんのところへ下宿することになった……」

「二階に一部屋もらってね」

「どのくらいの期間？」

「一年くらいあったかな。それにしても……よく、無傷でいられましたな、あそこにいて。フフフッ」

「沢ノ井さんのお母さんがいらしたから、セーフだったわけか」

「うん」

「そこには、沢ノ井さんのお母さんと……」

「猫が住んでた」

「しかし、よく、そんな……と言っては悪いけど、無名の作詞家に運命を委《ゆだ》ねたもんだね」

「ほんとだね。そのときだって、キングのオーディションを受けることが、その前に決まっていたんだ」

「八洲さんとは離れていたのに？」

「さっき、小さいプロダクションに入っていたって言ったでしょ、そこから受けに行くことになってたの。でも、もし受かったら、そのプロダクションと契約しなければならなくなるじゃない。そうなると沢ノ井さんのとこに行けなくなっちゃうから、落ちてほしいっていうわけ、沢ノ井さんが。わざと落ちろって」

「で、実際に受けたの？」

「うん。だから、仕方がないから、わざと下手に、フテて歌ってみることにしたの」

「何を歌ったの？」

「〈カスバの女〉と〈東京流れ者〉かな」

「いい歌だけど……それをフテて歌ったの？」

「そう。馬鹿《ばか》だよね、考えてみたら、そういう歌って、フテて歌った方がいいんだよね。一生懸命に歌わない方が、〈カスバの女〉なんて、ずっといいんだよ。それに、下手に歌おうとしても、歌い出したら、そう音痴には歌えないしね、いくら音痴に歌おうとしても、さ」

「しかし、あなたもいい度胸だね。いくら沢ノ井さんが頼んだからといって、ようやく摑《つか》みかけたチャンスを、自分からつぶすなんて、かなりの度胸だよ」

「そうだね。それは欲がなかったからだと思うよ、あたしに。どうしても歌手になりたい、みたいな欲がなかったから……」

「だって、もしかしたら合格して、レコーディングできるかもしれないわけじゃないですか。あなたには、沢ノ井さんに対する独特の勘があったんだろうか」

「さあ……よくわかんないんだけど、この人は似ているな、っていう感じはあった」

「誰と？」

「あたしと」

「へえ、どんな部分が？」

「うーん……何と言うか」

「何と言うか？」

「何と言うか……」

「オーケー。で、キングの結果はどうだったの？」

「これが困ったことに、受かっちゃったんだ」

「それでどうしたわけ？」

「仕方がないでしょ、お父さんに断わりに行ってもらったの、キングの方へ」

「まったく、そういう話を聞くと、運命とか巡り合わせとしか言いようがない気がするな。沢ノ井さんの方じゃなく、キングの方を断わりに行くんだから、ね」

「それで、今度は、沢ノ井さんのとこから受けに行って落ちてれば、世話ないよね」

「ほんとに？」

「東芝を受けたら、落ちちゃった」

「ガックリこなかった？」

「別に」

「沢ノ井さんの家に下宿していた一年間、何をしてたの？　もう、当然、流しはやめてたんだよね」

「うん。レッスンを受けたり……もちろん、沢ノ井さんにじゃなくて、別の先生にだよ。沢ノ井さん、ピアノ弾けないし、ね」

「食事は沢ノ井さんの家でしてたとしても、それ以外の、小遣いみたいのはどうしてたの？　お父さんやお母さんの方も、あなたがいなくて稼げなくなったろうし……」

「ほとんど一円もお金持ってなかった。だから、レッスンに行くとき、おなかが空《す》いて空いて、駅の立喰いそばが食べたくても、食べられなかったこと、よく覚えてる。ほんとに、食べたかったけど」

「服装なんか、どうしてた？」

「昔のまま」

「化粧なんかは？」

「したことなかった」

「パーマは？」

「かけたことない」

「そう……」

「ほんとに、あの頃、お金がなかったんだね、あたし」

「そうか……」

「雪の凄《すご》く降っている日だったんだけど、駅かなんかで、ある人と待ち合わせたの。

芸能界の人で、沢ノ井さんも来ることになっていたんだけどなかなか来なくて……とても寒かったのね。そのとき、あたし、オーバーがなくて、セーター一枚だったんだよね。そうしたら、その人が可哀そうに思ったらしくて、オーバーを買ってくれたの。忘れもしない、白いふちのついた真っ赤なオーバー。いま思えば、サンタクロースの上衣《うわぎ》みたいな、おかしなやつだったけど。でも、沢ノ井さんのとこにいるあいだ、ずっとそれを着てたなあ」

「その、買ってあげた人の気持、よくわかるな、ぼくにも」

「岩見沢にいるときも、そんなことがあった、一度。学校の帰りだったのかな、雪の中を、きらく園の方に行くバスを待ってたの。なかなかバスは来ないわけ。遅れると何十分も遅れるんだよね。でも、仕方ないから、震えながら停留所で待ってたの。そうしたら、急に眼の前にダンプが止まって、どこへ行くのっていうんだ。きらく園って答えたら、乗んなって。それから三回か四回、同じ運転手さんに乗せてもらうことになったんだけど、その何回目かに……これ古いんだけど、女房のだから、って言って、オーバーをくれたの。その運転手さんが、古いけど、って言って……。その頃も、オーバーを着てなかったんだね」

「そうかあ……」

「でも、お金はなかったけど、結構、楽しくやってたんだよ、沢ノ井さんとこに下宿しているときも」

「そう？」

「グループ・サウンズの男の子たちと知り合いになったり……」

「へえ、それは意外だね」

「その子たちの音楽が好きでね、最初は」

「さらに意外な。どういうキッカケがあったの？」

「お父さんの、昔の仕事仲間の人が東京にいて、その娘さんがいろんなとこに連れて行ってくれたんだ。初めてボウリング場にも行ったし、ディスコも連れて行ってくれたし、それにACB《アシベ》にも。ACBが気に入って、流しをしているときも、よく聞きに行ったんだ、ひとりで」

「そのライブハウスでは、どんなグループがやってたんだろう、当時は」

「売れる前のオックスとか、無名だったけどアンクルとか」

「知らないね」

「そうだろうね。……よく行くから、だんだん顔を覚えられて、親しくなったんだ。いろいろな人と。要領がよかったのかな、ただのファンなのに、外で一緒にお茶を呑《の》んだり……だから、お金がないときでも、聞きに行けたのかもしれないけど」

「特に好きな子はいたの？」

「いたんだ。ボーカルの子で、ね」

「アンクルの？」

「違うの。オリーブっていうグループがあって、そのボーカルをやってたんだ」

「オリーブなんて、聞いたこともない」

「グループ・サウンズの時代はオックスで終っちゃったんだけど、もしそれ以上つづいていたら、次に売れたのはオリーブのはずだったんだ。ジャズ喫茶で一番人気があってね」

「何て言うの、そのボーカルの子は」

「マミーって呼んでた、みんな。オリーブっていうのはね、さっき、週刊誌に初めて嘘《うそ》を書かれたっていう話をしたでしょ、そのときの相手がいるグループなんだよ」

「藤圭子の同棲《どうせい》相手を発見、っていうやつの相手はマミーなのか」

「そうじゃないんだよ。マミーなら、好きだったから、嘘でもまだ許せるんだけど、ドラマーのハー坊っていう子が相手ということにされちゃったんだよ」

「ハー坊だかパー坊だか知らないけど、大して変らないんじゃないの、マミーとかいうのと」

「それは違いますよ。ハー坊なんて、好きでも何でもなかったんだから」

「妙な呼び名だね」

「みんなそう呼んでたんだから、仕方ないよ」

「そうかもしれないけど」

「ハー坊とかマミーとかラリ坊とか」

「ラリ坊？」

「いつでもラリってばかりいるの、クスリで。だからラリ坊」

「なんだか幼稚園みたいだ」

「フフフッ。一度ね、帰ろうとしたら、ハー坊がついてくるの。どこまでも付いてくるんで困ってね……」

「ハー坊っていうのは、好きじゃない方だね」

「そう。沢ノ井さんの家の近くまで付いてこられたんで、困るからって言ったら、少しでもいいから話したいって言うの。それで、沢ノ井さんの家の近くにあるパン屋さんの前のベンチに坐《すわ》って話していたら、そこに沢ノ井さんがやって来たの。沢ノ井さんが怒ってね、ハー坊を殴りそうになったりして。こんな夜遅く、どういうつもりだとか言って。沢ノ井さんは、あたしが遅くなったんで、心配して迎えにきてくれたらしいんだ。その晩はそれで納まったんだけど、あたしはね、グループ・サウンズといっても、音楽はいいし、悪い人はいないからって、沢ノ井さんをジャズ喫茶に連れて行ったの。そうしたら、今度は、沢ノ井さんが気に入っちゃって、オリーブのメンバーと仲よくなっちゃったんだ。それから、よく、沢ノ井さんの家に遊びに来るようになったの、特にハー坊が。沢ノ井さんがジャズ喫茶に行って、帰りにメンバーを連れて来るんだ。でも、いつも、マミーだけ来ないの。みんなが来ると、下に降りていって、何気ないふりをして、マミーは、って聞くと、あいつは今夜は女の子のとこに行ってる、とか誰かに言われて、そう、なんてガッカリした様子を見せないようにして言うわけよ。ほんとはマミーに来てほしいのに……」

「あなたがマミーに熱を上げていたのを知って、沢ノ井さん、意図的にそんなことをしたのかもしれないね」

「そう、そうらしいの。この二、三ヵ月前、仙台で、久し振りにマミーに会ったの」

「いま何をしてるの、彼は」

「仙台のクラブでマスターをしてる。雇われだけど、ショーの構成をしたり、自分で弾き語りをしたり……。そのとき、マミーが言ってたんだ。どうして沢ノ井さんのうちに来なかったの、って訊《き》いたら、沢ノ井さんはぼくだけ誘ってくれなかったんだ、って」

「それは面白い。沢ノ井さんは、マミーに近づけまいとしたわけだ、あなたを。もし、あなたが、そのマミーという人と付き合っていたら、どうだったろう。何かが変っていたかな」

「そうだなあ……前川さんとは結婚してなかったかもしれない」

「なぜ？　その人と結婚したから？」

「そんなことは、まずないと思うけど、付き合ったことで、もう少し、いろんなことがわかっていただろうから……」

「それ、どういうことなのかな」

「…………」

「しかし、あなたも、結構、いろいろとやっていたんですねえ」

「そんなことないよ。でも、あの頃がやっぱり、青春、みたいなものだったのかなあ」

「あの頃……そうだ、いま、体重、どのくらいある？」

「三十六キロ」

「成人男子の、約半分しかないわけだ。昔からそんなだったの。そんな瘦《や》せてたかな。もう少し、全体にふっくらしてたような気がするんだけど」

「昔は……デビューした頃は四十キロあったんだ。ところが、あるときから、三十六キロになって、それから増えなくなっちゃった」

「理由は？」

「さあ……わからないな」

「なぜ減ったの、そんなに一気に」

「この世界で、いろいろあったからではないでしょうか」

「他人《ひと》ごとみたいに……。しかし、沢ノ井さんの家に下宿している一年くらいというのは、退屈もせず、アッという間に過ぎたわけなの？」

「うん、そうだね。夜、沢ノ井さんが人を連れて帰ってくると、寝てても起こされて、その人たちの前で必ず歌わされるの。外に挨拶《あいさつ》まわりに行けば、そこでも何か歌わされるし、そんなことしているうちに、半年くらいすぐ経《た》っちゃった。半年すぎたあとは、もう、デビューとかなんかで忙しくなっちゃったし、ね。その半年だね、あたしの青春は」

「短かい青春だ」

「短かいね、本当に」

3

「あなたは、確か、RCAというレコード会社からデビューしたんだよね。そこから出ることになったのは、どういういきさつだったの？」

「沢ノ井さんのとこから受けに行って、まず東芝に落ちたでしょ。次にコロムビアを受けたわけ。でも、コロムビアに受かっちゃったの。だから、本当は、コロムビアからデビューするはずだったんだ、あたし。ところが、夏のはじめの頃、沢ノ井さんとRCAの若いディレクターと会ったわけ。クラブみたいな、ちょっと暗いとこで。それがそのディレクターとの初対面だったんだ、あたしは。沢ノ井さんの方は何回か会ってたらしいけど。もちろん、RCAでやりたいとか、そんなんじゃなかったんだ。話しているうちに、夜中の十二時が過ぎたんだよね。七月四日から七月五日になったわけ。七月五日はあたしの誕生日なの。だからみんなに、冗談で、あたし、今日、誕生日なんだ、なんかプレゼントくれない、って言ったの。そうしたら褒《じょう》さん……そのRCAのディレクターは榎本《えのもと》褒っていうんだけど、褒さんが、今日は何日って訊くわけ。十二時が過ぎたから、七月五日だよ、って答えたんだ。そうしたら、裏さんが、ああ、ぼくも誕生日だ、って言い出して、はじめは冗談と思ってたんだ。ところが、本当に、十歳ちがいの七月五日生まれだったの。同じ誕生日の二人が、その誕生日の日に会ってたわけ。びっくりしたなあ、それは」

「なるほど、それで、その榎本さんは、あなたに入れ込むことになったんだね」

「不思議なんだよね、そういうのって」

「そのときまでは、RCAでデビューするなんて決まってなかったのか……」

「うん。だから、九月二十五日のデビューまで、バタバタだよね。コロムビアを断わって、レコーディングして……無理やり出したっていう感じだった」

「どうして、そんなに急いだの？」

「新人としては、その年度に間に合わなくなるからって、急いだんじゃないのかな」

「あなたも早くデビューしたかった？」

「何も考えてなかった。歌えと言われれば歌い、行けと言われれば行った……」

「いつ歌をもらったの、〈新宿の女〉は」

「さあ、いつだったかな」

「そんな大事なことも忘れているんですか、あなたは」

「うん。譜面をいつもらったかは忘れたけど、そういう歌ができたって言われたときのことは覚えてるんだ。夜中に電話が掛かってきたの。すばらしい曲ができたよ、純ちゃん、すばらしいのができた、って。沢ノ井さんが名古屋に行っているときじゃなかったかな。あの人……沢ノ井さんて、夜中に電話するのが大好きな人でね、大事な話があるからっていうんで、急いで駆けつけると、肩が凝ったからもんでくれないかとか、ほんとに変な人なんだ」

「そのとき、沢ノ井さんが電話を掛けてきて、教えてくれたのが〈新宿の女〉だったの？」

「そうなの。これから歌うから、聞いて、すばらしいから、って」

「詞だけじゃなく？　ああそうか。〈新宿の女〉は沢ノ井さんが作曲もしてるんだ。沢ノ井さんと言おうか、石坂まさを、と言おうか……」

「歌詞はね、本当は他の人が作ったの。そういう歌詞を作っている人たちの同人誌みたいのがあって、名古屋へ行ってすばらしい詞を見つけたからって言って、その場でメロディーをつけて、電話で歌ってくれたわけ」

「そうか、この歌詞カードにも、みずの稔《みのる》・石坂まさを共作詞、とあるね」

「はじめ、同人誌の人の歌詞は、いまみたいのじゃなかったんだ」

「なるほど。つまり、沢ノ井さんが補作したわけだ。〈新宿の女〉の一番の詞は……
と。

私が男になれたなら
私は女を捨てないわ
ネオンぐらしの蝶々《ちょうちょ》には
やさしい言葉がしみたのよ
バカだな　バカだな　だまされちゃって
夜が冷たい　新宿の女

この詞が、もともとは、少し違っていたわけだ」
「電話を掛けてきたときは、最初の二行がこうなってたの。

灯りをともして吹き消した
あなたは気まぐれ夜の風

それを、沢ノ井さんが、あとで変えたんだよね」

「もともとの詞でも、悪くはないね。でも、比べてみると、沢ノ井さんの詞の方が力が感じられるね。荒っぽいけれど」

「それにしても、あたしが男になれたなら、あたしは女を捨てないわ、なんて、普通の人の発想じゃないよね。直接的すぎるし、言葉の言いまわしも変だしね」

「でも、妙に力強いんだよね。もらったとき、いいと思った？」

「いいとも悪いとも思わなかった……と思うな」

「〈新宿の女〉をレコーディングした、RCAのスタジオって、どこにあったの？」

「どこだったかなあ……」

「だって、初レコーディングでしょ、あなたの」

「そうだよ」

「そんなことも覚えていないんですか。ほんとに欠陥商品ですね、あなたの記憶装置は。……しかし、考えてみると、すごいね、逆に」

「そうだよ、そこがあたしのいいとこなんだよ」

「そうかもしれないね」

「そんなことくらいで、緊張して、何から何まで覚えているようだったら、もう歌手としてはそこで終ってたよ。そうじゃなかったから、よかったんだよ」

「あるいは、ね。演歌の星を背負った宿命の少女、なんていうキャッチ・フレーズは誰が考えたの。やっぱり、沢ノ井さん？」

「そうだろうね、きっと」

「白いギターを持ったりしたのも？」

「それは、みんなで。はじめはね、ギターを当り前に持ってもつまんないからって、金色にするつもりだったんだ。金粉まぶしたり、いろいろやってみたけれど、ベタベタするばかりでうまくいかなかったから、それじゃ白く塗ってみようということになって……白いペンキを塗っただけなの、安物のギターに。衣装が黒いパンタロン・スーツだったのも、沢ノ井さんたちに言われたとおりにしただけなの。別にどうでもよかったから、異議なし、って感じ。ただひとつ、デビューのときにいやだったのは、年齢をごまかしたことなの。ひとつ、低くしたんだ。それには抵抗したなあ、ほかのことはどうでもよかったけど。初期の頃のパンフレットには、十七歳でデビューしていることになっているんだよ。昭和二十六年なのに、二十七年生まれになってるの。パンフレットができあがってから知らされて、絶対に嘘つくのなんかいやだって頑張ったんだけど、それは通らなかったの。やっぱり、十八歳より十七歳の方が語呂《ごろ》がいいからって、裏さんがやっちゃったらしいんだ。いやだいやだといったけど、駄目だった。そのことは、ちょっとつらかったなあ」

「しかし、仮に、ぼくが榎本さんの立場だったとしても、あるいは十七歳ということにしたかもしれないな。七月生まれの九月デビューなんだから、嘘をつくのもほんの二ヵ月分だしね。やはり、十七歳という響きの方が、人に訴える力を持っていたような気がするな」

「それはわかるけど、嘘をついてまでやることはないと思うんだ」

「これも、かなり意外なんだけど……会うまではわかんなかったんだけど、あなたは、すごく潔癖性なんですね」

「そういうとこはあるね。性格じゃなくても、生理的っていうのかな、そういうとこも変に潔癖でね。小さいときから、どんな山奥に興行で連れて行かれても、便所に入ってったら、手を洗うまで、水の流れているところを探さないと気がすまなかったり、人の箸《はし》では絶対にものが食べられなかったり、そんなだった」

「年齢の件は、いつ正常に戻されたの？」

「前川さんと結婚するとき」

「そうか、婚約が四十六年の六月だから……あなたが十九歳のとき。嘘ついたままなら十八歳！　若すぎるもんね」

「うん。でもね、その前にも、ラジオに出たりしてるときは、二十七年生まれということになっておりますが、ほんとは二十六年なんですなんて、よくしゃべってたから……」

「でも、〈新宿の女〉は、すぐには売れなかったよね」

「うん」

「新宿音楽祭、とかいう新人歌手のコンテストにも、落ちたとか……」

「そうなんだ。テープ審査の段階で、もう落とされたらしい。古めかしいとか、なんとかいう理由で」

「口惜《くや》しかった？」

「ぜんぜん。沢ノ井さんが頭にきて、よおしそれなら、こっちはこっちでやろう、というんで新宿二十五時間キャンペーンを考え出したの。あたしなんか、別に口惜しくもなかった。当り前じゃないか、と思ってた。最初からそんなにうまくいくはずないよ、と思ってた」

「いやな子ですねえ、そんな冷やかに……」

「だってそうじゃない。うまくいかないのが普通じゃない」

「それはそうだけど……その、二十五時間キャンペーンというので、どんなことをしたの？」

「二十五時間ぶっつづけに新宿をスタッフのみんなと練り歩いたの。いろんな店に入っていって、〈新宿の女〉を歌わせてもらいながら、ね」

「何回くらい歌った？」

「百回は歌わなかったかな……でも、五十回以上は歌ったな」

「すごいね」

「それでも、御飯を食べる時間はあったし、そう大変でもなかったよ」

「結局、その年は、なんとか新人賞とかいうのには、引っ掛からなかったんだっけ、ひとつも」

「そう」

「〈新宿の女〉が売れ出したのは、翌年？」

「次の年の二月に〈女のブルース〉を出したんだよね。出したら、それはすぐ売れて、それに引きずられて、また〈新宿の女〉が売れたっていう感じかな」

「ぼくは、正直いうと、〈新宿の女〉があまり好きじゃなかった。好きじゃない、というより、嫌いだったな、はっきりと。アクの強い、ザラッとするような……そのアクの強さに、アレルギーを起こしたのかもしれないね」

「あの歌はね、本人が余計なことを何も考えず、ただの歌と思って歌っていたところに、いいとこがあったと思うの。あたしが男になれたなら、あたしは女を捨てないわ、なんて、考えはじめたら歌えるような歌詞じゃないよ、実際」

「しかし、〈女のブルース〉っていうのは、いい歌だと思った。歌詞が変っててね」

「そうなの。メロディーに乗せて聞くと自然に耳に入ってきちゃうけど、それを眼で見ると、やっぱり驚くよね。

女ですもの　恋をする
女ですもの　夢に酔う
女ですもの　ただ一人
女ですもの　生きて行く

初めてこの歌詞を見たときは……震えたね。すごい、と思った。衝撃的だったよ」

「どこで見せられたの？」

「見せられたんじゃないんだ。沢ノ井さんの家の、茶の間みたいなところに、テープルがあるんだよ。いつも、ゴチャゴチャ、いろんなものがのっかっていたりして、汚ないテーブル。その上を何気なく見ていたの。週刊誌とか、漫画とか乱雑にのっかっているから。そのとき、走り書きのしてあるザラ紙が、ポンとそこにのってたんだ。それを見て、ワァーすばらしい歌詞だな、誰が歌うんだろう、って思ったわけ」

「そうしたら、あなたの歌だったのか」

「そう、純ちゃんのだ、って。そのときは〈女のブルース〉じゃなくて、〈花のブルース〉っていうタイトルだった」

「三番の歌詞がいいんだよね。

ここは東京　ネオン町
ここは東京　なみだ町
ここは東京　なにもかも
ここは東京　嘘の町

実に単純な言葉を繰り返し使っているだけなのに、少しずつ情感が盛り上がっていく。演歌の歌詞って、不思議な力があるね」

「ここは東京、なんて当り前の歌詞が、みんな味が違うんだよね、歌にすると。四つが四つ違うんだ。あたし、これを歌うとき、聞いている人に、四つの東京を見せることができる、と思ったもん。思わない？　なんで、ここは東京、という言葉が四回出てくるだけで、こんなドラマになるんだろう、って。沢木さん、思わない？」

「思う」

「すばらしいですよ、ほんとうに」

「冴《さ》えておりましたね、石坂まさを氏、は」

「そうなんです。冴えていたんです。

何処《どこ》で生きても　風が吹く
何処で生きても　雨が降る
何処で生きても　ひとり花
何処で生きても　いつか散る

ほんとに……何処で生きたって、いつか散るんだよね……」

4

「ぼくは、やっぱり〈女のブルース〉で、好きになったんだろうな、藤圭子が。しかし、どうして、すぐ追いかけるように〈圭子の夢は夜ひらく〉を出してしまったんだろう」

「ほんと、あたしも不思議だと思ったけど、その頃はどうでもいいと思ってたから」

「その二つの曲の発売のあいだが、二ヵ月しかないんだものね」

「〈女のブルース〉が最高に売れているとき、〈圭子の夢は夜ひらく〉を出してしまったから、歌えなくなっちゃったんだよね、〈女のブルース〉が。あたしも一番好きだから、もっと歌いたかったけど、短かかったね。普通の人にとっては、〈新宿の女〉と〈夢は夜ひらく〉にはさまれて、どちらかといえば、印象が薄いらしいんだよ。それが、とっても残念なんだ」

「〈夢は夜ひらく〉は、LPからのシングル・カットだよね、確か」

「そう。最初のアルバムに入っていたやつ」

「どうして、あの園まりが歌った〈夢は夜ひらく〉をLPに入れようとしたんだろう」

「それは、沢ノ井さんに夢があったの。あったらしいんだ。なんか、よくは知らないんだけど。園まりさんの〈夢は夜ひらく〉が作られたときに、沢ノ井さんも少し嚙《か》んでたのかな。それで、出来上がったのを聞いて、こんなもんじゃない、これは本当の〈夢は夜ひらく〉じゃない、いつか自分が本当の〈夢は夜ひらく〉を作ってやるんだって、そう思いつづけてきたんだって。それで、沢ノ井さんが歌詞を新しく書いて……そうだ、そのとき、一緒に車に乗ってたんだよね、沢ノ井さんと。もう、デビューしてて、テレビ局かなんかを移動中だったんじゃないかな。沢ノ井さんが、こんど新しい〈夢は夜ひらく〉を作るんだ、純ちゃんで、なんて言うわけ。あたしは、そう、なんて聞き流して、何気なく鼻歌をうたったの、〈夢は夜ひらく〉のメロディーで。

　昨日ハー坊　今日マミー
　明日はジョージかラリ坊か

とか、メチャメチャに歌ったわけ」

「ああ、それは、例のグループ・サウンズの男の子たちの名前だったね」

「そうなの。別に意味もなく、そんな歌詞を口ずさんでたの。そうしたら、いいねそれ、って沢ノ井さんが言うの。えっ、って訊き返したんだ。それでいこうよ、って言うの。もちろん、冗談はやめてよと言ったんだけど……何日かして出来てきた歌詞を見たら、ちゃんと三番に入っていたんだ」

「そいつは、面白い話だね、すごく刺激的なエピソードだよ。

昨日マー坊　今日トミー
明日はジョージかケン坊か
恋ははかなく過ぎて行き
夢は夜ひらく

そうか、ハー坊がマー坊、マミーがトミー、ラリ坊がケン坊になっているけど、そっくりそのまんまだもんね」

「そうなの」

「その子たちは、みんな、いまどうしているんだろう。マミーっていう子は、仙台のクラブとか言ってたね」

「うん。ラリ坊は、RCAからデビューしたの、あたしと同じ頃に。だから新人同士でキャンペーンなんか一緒にしてたけど……。ハー坊はまだドラムをやっていて、このあいだ新宿の店に出ているっていうんで、聞きに行って、久し振りに会ったんだ。昔は、みんな純情でね。一度デートしたことがあるんだけど、喫茶店でお茶を飲むばかりで、あたしなんかも下向いて、ろくに話せもしないで……そんなだった」

「そうか……」

「うん、そんなことがあったなあ」

「〈夢は夜ひらく〉の二番の歌詞、あるでしょう？

十五、十六、十七と
私の人生暗かった
過去はどんなに暗くとも
夢は夜ひらく

この歌詞に抵抗感はなかった？」

「なかった」

「これ、自分のことを歌っているとは思わなかった？」

「思わなかった。ただの歌の、ただの歌詞だと思ってた」

「でも、聞く人は、その歌詞をあなたそのものに投影して、感動してたわけだよ」

「人がどう思おうと関係ないよ」

「それでは、そう思われることに対する抵抗感は？」

「ぜんぜん、なかった。思うのはその人の勝手だから」

「十五、十六、十七と、あなたの人生、暗くはなかった？」

「暗くないよ。とりあえず、いまの人生が、幸せなんだから」

「でもさ、そのときはどうだったの？」

「食べて、生きてこられたんだもん、それが暗いはずないよ」

「あなたは……実に意地っぱりですね。呆《あき》れるというより、感動するくらい」

「フフフッ。そんなに意地っぱりかなあ、あたし」

「それがあなたの身上なんだろうな。それがあったから、あなたは藤圭子になりえたんだろうから。そうだ、訊くのを忘れてたけど、どうして、藤圭子という芸名になったの？」

「それはね、やっぱり日本一の山だから、名字は、ふじ、がいいって沢ノ井さんが言うんで、藤となったの。名前は、けいこ、というのが語呂がいいって。日本には沢山のけいこがいるけど、それは響きがよくて、呼びやすいからだって。それで圭子ということになったんだ」

「なんだか、ずいぶん簡単なようだね」

「本当はね、もうひとつ、沢ノ井さんは考えていたんだ。藤のかわりに野々というの。野々圭子。字画がいいとかっていうんで。それで、藤圭子とどちらがいいのか迷って、二人で易者さんのとこに行ったの。新宿の伊勢丹《いせたん》の近くに、よく当る易者さんがいるとかっていうんで、ね。そうしたら、間違いなく、藤圭子の方がいいって言われたんだ」

「そうか。もしかしたら、あなたは野々圭子だったのかもしれないんだ」

「そういうこと」

「昭和四十四年の九月に藤圭子は〈新宿の女〉でデビューして、四十五年の二月に〈女のブルース〉、四月に〈圭子の夢は夜ひらく〉、そして七月には〈命預けます〉まで出している。四十五年というのは、あなたにとって、本当にすごい年だったんですね。〈命預けます〉だって、悪くない歌だもんね」

「そうだね」

「これも、石坂まさを作、か……。藤圭子という素材を得て、持っているものが一気にバッと爆発したんだね、石坂まさを、こと沢ノ井さんも。わずかその一年のあいだに、ね」

「そう、一挙に花ひらいたんだろうね」

「それが過ぎて……枯れてしまったというわけか」

「そういうことなのかなあ」

「その年、昭和四十五年……一九七〇年、レコード大賞とか、なんとか賞とかいうのは、どうなったの？」

「歌謡大賞というのがあって、それが第一回目だったんだけど、〈夢は夜ひらく〉で大賞になって、レコード大賞は〈命預けます〉で大衆賞……」

「もし〈夢は夜ひらく〉で歌謡大賞を取らなかったら、レコード大賞がもらえたかもしれないのかな」

「そうかもしれないね。その頃、その二つの賞が、すごいライバル意識を持っていて、歌謡大賞で〈夢は夜ひらく〉が大賞をとっちゃったんで、わざわざ〈夢は夜ひらく〉をはずしたわけ。それで、〈命預けます〉が大衆賞とかいうのになっちゃったんだ」

「残念だった？」

「ぜんぜん」

「嬉《うれ》しかった？」

「ぜんぜん。あたし授賞式があるから行ってください、なんてマネージャーに言われて、そう、なんて言って、そこへ行って歌っただけ。別に感激とか、そんなのはなかったよ」

「しかし、一九七〇年というと、ぼくが大学を卒業する年だったけど、ほんとに、この年はあなたの〈夢は夜ひらく〉の年だったなあ。

　前を見るよな　柄じゃない
　うしろ向くよな　柄じゃない
　よそ見してたら　泣きを見た
　夢は夜ひらく

　これを聞くと、ぼくにも、よぎるものがある。何だか、はっきりはわからないけど、体の奥の方から泡立つようなものがある」

「そう……」

「あなたの〈夢は夜ひらく〉は、本来の曲と微妙にメロディーが違うんだよね」

「そうらしい。自分ではちゃんと歌っているつもりだけど、小さい頃にそう覚えちゃったんだよね。あたし、譜面読めないでしょ。どんな曲でも、一度弾いたり、歌ったりして教えてもらえば、それで覚えられるわけ。あたしの曲って、みんなそうやって覚えていくんだ。曲のレッスンって、そういうことだけやるわけ。でも、〈夢は夜ひらく〉は小さい頃に覚えて知っていたから、レッスンも必要なかったんだけど、ちょっと違って覚えていたらしいんだよね」

「そういう意味でも、あの〈夢は夜ひらく〉は、あなたの〈夢は夜ひらく〉だったんだろうな」

「そうなんだね」

「しかし、あの歌が、あまりにも強烈すぎたんで、そのあとがつらかったんじゃないだろうか。何を出しても、あれほどの強烈さを持てなくて……」

「そんなことないよ」

「ぼくの友人にね、藤圭子を悪くさせた元凶は、〈夢は夜ひらく〉だった、と言う奴《やつ》がいてね。藤圭子は〈夢は夜ひらく〉を歌っていなければ、もっともっと歌手としての可能性があった、と言うんだ」

「それは違うね。そういう言い方は意味がないね。たとえばね、前川さんのクール・ファイブについても、そういう言い方をする人はいるんだ。〈噂《うわさ》の女〉がクール・ファイブを駄目にした、って。あまりにも、クール・ファイブの特徴が出すぎてるっていうわけ。だから、そのあと何を歌っても、〈噂の女〉で出切ったものが出てこないと感じられるというわけ。確かに、そういう部分もないことはないんだよ。でも、だからといって、〈噂の女〉を歌わなかった方がよかったかといえば、そんなこと絶対にないんだよ。歌手として、やっぱり、歌った方がよかったんだよ。〈夢は夜ひらく〉だって同じこと。やっぱり歌った方がずっといいんだ。その、沢木さんのお友達っていう人、知らないんだよ。実際に自分で何かをやったことがないんだよ。歌手を悪くした歌なんて、絶対にない、絶対にね」

四杯目の火酒

1

「グラスが空なようだけど、もう一杯もらいますか、同じものを」

「うん、もらいたいな」

「まだ四杯目だから、引っ繰り返りはしないよね？」

「平気だよ。昔はそういうこともあった、って言っただけじゃない。そんなに簡単に引っ繰り返りはしませんよ、あたしだって」

「それなら安心。こんな高い階からかついで降りなけりゃならなくなったら、まったくの悲劇だからね」

「昔に比べたら、少しは強くなってるよ」

「昔からウォッカ・トニックを専門に呑《の》んでるの？」

「前は、ウォッカ・コリンズを呑んでたんだ」

「それ、どんなの？」

「ウォッカ・トニックと大して変らないんだけど、少し面倒なの。ウォッカと炭酸にガム・シロップを入れるから。店の人に説明しなければならないことも多くて、だからついウォッカ・トニックでいいわっていうことにしてるうちに、ウォッカ・トニックということになったわけ。ウォッカが呑みやすいんだろうね、あたしには」

「いつ頃から、呑むようになったの、ウォッカなんかを」

「そうだなあ……前川さんと離婚したあとくらいかな、よく呑むようになったのは。そうだ、あの頃、よく遊んでたなあ、毎晩。そして、いつも、ウォッカ・コリンズを呑んでいたな」

「あなたが、クール・ファイブの前川清氏と婚約したのが昭和四十六年の六月。歌謡大賞、レコード大賞、紅白歌合戦の初出場と、藤圭子の大旋風が巻き起こってから、たった半年しかたたないうちに、婚約しちゃったわけだよね。かなりの度胸だと思うけど」

「勢いでそうなっちゃったみたいなところもあるんだ」

「そもそも、前川さんとは、どういうふうに知り合ったの？」

「どういうふうもなかったんだけど……あたし、クール・ファイブの歌が好きだったの。いまでも大好きだし、あんなうまい人はいないと思うけど、ね。その頃も、知り合う前からレコードを買って、聞いて、うまいなあって尊敬してたんだ、前川さんのこと」

「その頃のクール・ファイブの歌っていうと……」

「〈逢《あ》わずに愛して〉かな」

「ああ、あれもいい歌だったね。ぼくもクール・ファイブの歌は好きなんだけど、これもどういうんだろう、あなたの場合と同じにデビュー曲が、あんまり好きじゃないんだよね。それより、〈逢わずに愛して〉とか、〈そして、神戸〉とか、〈恋唄《こいうた》〉の方が、ずっと好きなんだ」

「あっ、あたしも同じだ。〈長崎は今日も雨だった〉よりも、そのあとの中ヒットくらいの曲に、すごくいいのがあるんだよね」

「そうすると、その頃は、前川さんに対して、かなり熱い思いを持ってたというわけ？」

「いや、そうじゃないんだよ。寂しかったんだよね、お互いに。デビューしたばかりで、スタジオに行っても、どこに行っても、友達なんかいなくって。同じレコード会社だったし、演歌だったし、仕事なんかでよく顔を合わすようになって、少しずつ話すようになったんだ、二人で。出身はどこなのとか、そういうのを少しずつ話すようになって、友達になったの。あたしも前川さんも、芸能人同士でヤァヤァって調子よく誰とでも付き合う、ということがぜんぜんできないタイプだったでしょ、だから寂しかったわけ。そのうちに、二人だけで会うようになったの」

「みんなに知られないあいだは、どんなふうに時をすごしていたの、二人で」

「前川さんのうちに行ってた。その頃、あたし、沢ノ井さんの二階に下宿してたでしょ」

「まだ、沢ノ井さんのとこに居たの！」

「そう」

「忘れないうちに訊《き》いておくけど、その頃のあなたの給料はどのくらいだった？」

「はじめ五万。二年目くらいから五十万かな。三年目で百五十万」

「そんなものなのか、やっぱり。で、どうしたって？　二階に下宿していたから……」

「二階に下宿していたでしょ。だから、夜、前川さんのとこに行けないわけ。沢ノ井さんに見つかっちゃうから。それでどうしたかというと、仕事から帰ってきて、夜だから寝るようなふりをして、二階から縄で外に降りたの」

「ほんと！　それはロマンティックじゃないですか。運動神経の鈍そうなあなたが、縄をつたって二階から降り、恋人に会いに行くなんて」

「縄で、すぐ隣の家の塀まで降りて、そこから飛び降りたりして、抜け出してたんだ」

「なかなかいいね。で、前川さんちで何をしてたの？」

「ぼんやりテレビ見てた」

「ハハハッ、こいつは傑作だ。決死の脱出を敢行して、なんとテレビを見に行ってたのか。二人してテレビを見てたの？」

「そう。前川さんて、外でみんなでワイワイするより、家でぼんやりしてるのが好きな人なんだよね、だから……」

「しかし、何だって、そんなに結婚を急いだの。まだ、あなたは、そのとき十九歳だったのに」

「急いだわけじゃないんだけど……」

「結婚したかったわけ？　前川さんと、早く」

「そんなことはない。前川さんは結婚したかったみたいだけど……あたしは、別に」

「よくわからないね、その辺の事情が。まさか営業用の結婚というわけでもないだろうし……」

「そんなことすると思う？　あたしが、そんなことを」

「思わない。でも、なぜ……」

「それはね、売られたわけ」

「えっ？　売られたって、あなたが？」

「週刊誌に、ネタを売られちゃったの。あたしと前川さんの仲についてのネタを、沢ノ井さんに」

「沢ノ井さんが売ったって？」

「そうなんだ、沢ノ井さんが売っちゃったの、話題作りのために」

「そうか、四十六年はあなたに思ったようなヒット曲が出なかったんで、沢ノ井さんも焦《あせ》ったのかな。〈女は恋に生きてゆく〉も〈さいはての女〉もうまくいかなかったから……」

「それであたし、意地になったの。そんなことをするなら、絶対にもう結婚してやる、って。ほんと、意地になっちゃったんだ」

「沢ノ井さんという人も、かなり不思議な人だね」

「紙一重の人」

「天才と狂人は、っていう、その紙一重?」

「そう。変った人なんだ。この世界では評判の悪い人でね、嘘《うそ》つきだって。でも嘘をつこうと思ってついているんじゃないんだよね、そのときは。たとえばハワイに連れて行ってあげるよって本気で言ってるんだけど、すぐに気が変って忘れちゃうの。あげるといってあげなかったり、するといってしなかったり、だからこの世界では信用されてないんだ。しかし悪人じゃないの。みんなはね、わからないって言うけど、あたしには理解できるんだ。もしかしたら、あの人を理解できるのは、あたしだけかもしれない。すぐ、あの人、女と見れば口説こうとするの。タレントさんばかりじゃなくて、そのお母さんにまで……」

「当然、あなたも口説かれた?」

「うん、でも、あたしは、それは病気だと思ってたから、相手にもしなかったし、気にもしなかった。キャンペーンなんかに行くでしょ、そうすると、途中で、疲れたろう、あそこでちょっと休んでいかないか、無理することはないから、なんてホテルに行こうとするの。こっちは魂胆がわかるから、平気です、疲れてません、なんて頑張って。でも、憎めないんだよね、あの人」

「もし、沢ノ井さんが、あなたたちのことを週刊誌に売らなければ、結婚は……」

「してなかったね。そんな急いで婚約なんかしなかっただろうし、もう少しいろんなことを冷静に見れたろうし」

「意地になったのか……」

「あのとき、あたしが意地でも結婚するって勢いになったら、それはトントン拍子に話は進んじゃいますよ。前川さんは、あたししかいないっていうくらいに、大事に思ってくれていたし」

「結婚するつもりだって言ったら、お母さんは、何とおっしゃったの？」

「早いよ、純ちゃん、って」

「早いよ、純ちゃん、と言われたわけか」

「でもね、お母さんも、お父さんと一緒になったのが十九歳のときだったんだ。それに、お姉ちゃんも、十九歳で結婚した。みんな十九歳なの」

「早婚の血統なのかな」

「十九歳で結婚したけど、お母さんも離婚したし、お姉ちゃんも離婚したし……」

「そうか、あなたも別れた。なんだか、すごいね」

「お姉ちゃんは再婚して幸せになってるけどね」

「婚約してから、結婚式をあげるまで、二ヵ月しかなかったんだよね」

「そう。でもね、一度は結婚するのをやめようかと思ったんだ。何か無理なような気がしたんだ」

「どうして？」

「それは前川さんを好きだったよ、あたしも。だけど、どういうのかな、あたしは前川さんのこと、身内みたいな感じで好きだったわけ。異性というより、兄弟みたいな……お兄さんみたいに感じてたんだ。こう、胸が切なくて、キューンとするような思い方じゃなくて、さ。だから、あたしの方がクールに見られた、っていうことはあるんだろうね。こっちからベタベタはあまりしなかった」

「そういうところも、あなたの魅力のひとつに感じられてたんだろうな、前川さんには」

「結婚するのをやめる、って言い出したら、最初は反対していた周りの人たちが、もう婚約発表もしているのに、そんなことをしたらみんなのいい笑い者になっちゃうから駄目だって言うんだ、それはまずいよ、って」

「わりと危険な感じで結婚したんだなあ。しかし、それも、十九歳の少女の結婚前の感傷と考えれば、結婚生活を続けていくうちにある種の安定した愛情が生まれるということもないではなかったろうに……どうして、一年で離婚しなければならなかったんだろう」

「やっぱり、何か違うな、っていう感じだったの。嫌いになるとか、いやになるとか、そういうんじゃないんだけど、どこか違ってたんだよね」

「どういうこと？」

「言葉で説明しにくいんだよね」

「最初、新居はどこに構えたの？」

「世田谷の太子堂」

「前川さんの家？」

「仲人《なこうど》をしてくれた人がいて、その家の三階だかを借りて住んでたの」

「間借りしてたのか。なんだか、あなたたちみたいなスターの新居には似つかわしくないようだけど」

「そこに数ヵ月いて、とてもいやな思いをして、三田に移ったの」

「どういうこと？」

「いま考えたら、二人とも馬鹿《ばか》なんだけど、二人ともRCAというレコード会社にいて、お世話になった人はたくさんいたわけじゃない。仲人をしてもらわなければいけない人はいっぱいいるわけ。それなのに、前川さんの知り合いとかいう、大工さんに頼んだの。知り合いといったって、前川さんが東京に出てきて、スターになってから近づいてきた人なんだよね。その奥さんが洗濯やなんかをしてくれたというだけの人なんだ。あたしたちって、ほんとに常識がなかったね。笑われても仕方ないよ、恥ずかしいよ、まったく。その大工さんが、家を改築して、その上に住めって勧めてくれたわけ。あたしはまだ子供で世間のことがよくわからなかったから、前川さんがあの人に仲人を頼みたいと言えば、いいよと言ったし、あの人のうちに住もうと言えば、うんと言っていたんだ」

「なるほど」

「しばらくして、二人で土地を買うことにしたの。世田谷の東名高速の出口の近くに、千五百万でいい土地があるからって。その土地についてのすべてのことを、その大工さんがやってくれたわけ。親切からやってくれたんだろうと思っていたら……千五百万円の土地代の領収書が千百五十万しかないんだ。どうしたんですかって訊いたら、売り主が税金のこととかでそうしてくれと言ったからという説明なの。それはわかる、そういうこともあるでしょう、でも、これは表に出さないでほしいけどという、別の、本当の領収書がなければおかしいじゃないですかって、あたし、言ったの。前川さんはいいじゃないかと言ったけど、あたしはいやだって言ったの。お金はいいにしても、そんな納得のいかないことを、そのままにしておくのは気持が悪い、って」

「あなたは、本当に潔癖な人ですね」

「そして、その売り主のところに行ったんだ。そうしたら、売り値は正確に千百五十万でしたと言うわけ。それなのに、銀行からは千五百万が引き出されていたの、大工さんの手によって。もう、この家を出よう、って前川さんに言ったんだ。気持悪いって。信用できなくなった人のところに住んでいるなんて、耐えられないじゃない」

「それは、そうかもしれないね」

「もうひとつ、そこでいやなことがあったんだ。あたしたちは、その上に住んでいて、下に大工さん一家が住んでいたの。あるとき、何か用があって、階段を降りていったら、みんなで話をしていたのね。前川さんとか圭子ちゃんとか耳に入ってきたんで、ふと立ち止まったの。そうしたら、みんなでお金の話をしていたらしくて、いいんだよあいつらの金なんか、アブク銭がいくらでも入ってくるんだから、とか言っているのが聞こえてきたんだよ。ゾォーッとしたもんね、あたし。もういやだって思ったわけ。いつもは前川さん、前川さん、圭子ちゃん、圭子ちゃんとチヤホヤしているのに、陰にまわるとそんなふうに考えているのかとわかると、一時間でも早くその家を出たくなった。いままでは前川さんの知り合いだと思うから、調子も合わせてきたけど、もう我慢ができなかった。もし前川さんが出て行きたくないなら、ひとりでも出て行きます、この家かあたしか、どっちか選んでください、ということになったんだ」

「激しいね」

「それで三田にアパートを借りて移ったわけ。ところがね、このあいだ、前川さんと久しぶりに会って話したら、まだそこの人たちと付き合っているというから、ガックリしたんだ。美談かもしれないけど、あたしはいやだな。それは前川さんは人のいい、よすぎるくらいの人だよ。でも、それとこれとは違うことだと思うんだ。あたしは、人を憎みたくもないし、怨《うら》みたくもないから、そういう人とは無関係なとこで生きていたいんだ」

「でも、そういうギクシャクはあったとして、二人の関係には大したヒビは入っていなかったんでしょ？」

「そう……でも、こういうことはあったと思うんだ。前川さんは、とにかく、外に出るのが好きじゃない人なの。大勢でいるより、家に帰って鯉《こい》の相手をしてる方がいいわけ。あたしはね、少数だけど気の合った人たちと楽しくすごす方が好きなわけ。何となく退屈だなあ、と思うことはあった。家で、黙って、鯉を相手にされたりしてるとね。あたしは、まだ子供だったから、二人で友達みたいに遊んでほしかったんだろうね」

「結婚して、あなたは変った？」

「結婚して変ったし、離婚して変った」

「どんなふうに？」

「気を使うようになったね、人に対して」

「そう」

「きっと、少し大人になったんだろうね。それまでは、人に気を使うなんていうことはなかったもん。子供は人に気を使わないじゃない、それと同じだよ。だから、あたし、無心に歌が歌えていたんだろうけどね」

「結婚して、無心じゃなくなった？」

「そう、結婚してから、なんか現実的になっちゃったね」

「どうして？」

「いやだった。確実にひとつ、人に秘密を知られてしまったような、ね。変な話をすると、マネージャー同士が会って話していたりするわけですよ。前川さんとあたしのマネージャーが。本当にいやなんだけど、あたしが一週間くらい地方に行って帰ってくると、二人で噂話《うわさばなし》をしているわけ。一週間ぶりなんで、今夜は大変ですね、なんて。

そんなこと言われているのを聞いちゃって、いやになった。ああ、そうなのかって思って、情なくなった。そんなこと話されてるって思うだけで、あたしはいやだった。とてもくだらないことだけど、そういうことなんかで、自分がある現実の中に置かれているんだって、なんか意識をするようになっていったみたい。だから、ほかの人たちといて、前川さんと二人だけで家に帰るのがとても恥ずかしかった」

「それは意識過剰だよ」

「そして離婚したでしょ。それも恥ずかしかった。もう人前には出られないと思った。こういう仕事をしているかぎり、どんな秘密も知られていってしまう……」

「どうして離婚が恥ずかしかったの？」

「結婚したら、絶対に、離婚なんかしてはならないことだと思ってたから。離婚は恥ずかしいことだと思ってた」

「結婚によって、あなたは突然、意識過剰の人になってしまったようですね」

「新婚旅行はハワイに行ったんだ、スタッフのみんなも一緒に。同じホテルだから、夜遅くまでワイワイやってるの。そのとき、初めてブラックジャックを教えてもらって、面白くて仕方がなかったの。あたしはみんなとブラックジャックをしていたいんだけど、前川さんは早く自分たちの部屋に戻りたいわけ。でも、あたしは、二人で部屋に行くのが恥ずかしくてしようがなかった」

「いろんな意味で、あなたはまだ未成熟だったんだろうな。十九歳の少女としては、ある意味で当然なんだろうけど、あなたの歌や雰囲気に欺《あざむ》かれて、人は錯覚していたんだろうしね。でも、あなたはワイワイみんなとやっている方が楽しかったんだね、そのときは」

「うん。いまだったら、ほんとに好きな人と、一緒にいられるっていうだけで幸せと感じるだろうけどね」

「結婚を契機に人から見られてるっていう意識を強く持ってしまったということかな。それまでのあなたにはほとんどなかった感じだったのに、ね。それが、恥ずかしい、恥ずかしいと思わせるようになってしまった……」

「どうだろう。でも、そんなこと、少しも恥ずかしいことじゃなかったんだよね」

「たぶん」

「本当に恥ずかしいことは、もっとほかにあるんだよね」

「そんなことがあるの？　どんなこと？」

「いや、恥ずかしいことじゃないのかもしれないけど、駄目なことってあるんだよね、少なくともあたしがプロの歌手であるかぎりは……」

「どういうことなのかな」

「あたし、二つの歌を殺してしまったんだ。自分の歌を自分の手で。とてもすばらしい歌を、自分の手で死なせちゃったの。生まれて間もない……歌が歌手の子供だとすると、自分の子を殺してしまったわけ。駄目だよね、歌手としては、なっちゃないよね、ほんとに馬鹿だよね」

「なんていう曲？」

「ひとつはね、〈恋仁義〉っていうの」

「知らないなあ」

「そうだろうね、すぐ歌うのをやめちゃったから。でも、いい歌なんだよ、いちばん好きなくらいの歌なんだ。さっき、石坂まさをっていう人が、一年くらいで枯れちゃったっていう話が出たけれど、これも沢ノ井さんの作品で、久しぶりに石坂まさをとしていい歌ができたんだ。あたしも気に入って、さあって歌いはじめたとき、あたし前川さんと婚約しちゃったの。それで歌うのをやめたわけ。こんなの歌えないよ、って」

「どうして？　婚約なんか、別に歌と関係ないじゃない」

「関係あるんだよ。その歌の一番の歌詞はね、こういうんだよ。

あなたと死んでも　命は命
一人生きても　恋は恋
惚《ほ》れていながら　身を引く心
それが女の　それが女の
恋仁義

前川さんと婚約していながら、惚れていながら身を引く心、なんて空々しくていやだったの。前川さんを好きだった女の人はきっといくらもいただろうし、その人たちに対したって、白々しすぎると思っちゃったんだ。こんな歌は歌えないって、たった一ヵ月で違う歌を出してもらっちゃったの。だから、ほんの短かい期間しか歌わなかったから、知らないのは当然なんだけど、あたしのファンの中には、あの歌が好きな人がかなりいてね。時々、有線なんかで、ポツリとリクエストしてくれている人がいるんだ」

「あなたの性格を、ほんとによくあらわしている話ですねえ、それは」

「お客さんの反応でもわかるんだけど、やっぱり、この〈恋仁義〉っていう歌はどこか魅力のある歌なんだろうね。最近、舞台とかクラブとかで歌うことがあるんだけど、ヒット曲でも、みんなに知られている曲でもないんだけど、聞いている人が喜んでくれているのがわかるんだよね」

「二曲、そういうのがあると言っていたけど、もう一曲は何ていう歌？」

「〈別れの旅〉っていうの。これも好きな歌だったんだ。阿久悠《あくゆう》さんの作詞で、ね。その一曲前に、阿久悠さんが〈京都から博多まで〉を作ってくれて、これがかなり売れて、その第二作だったわけ。あたしは、むしろ〈京都から博多まで〉より好きだったくらいなんだ」

「どういう感じのメロディー？」

「夜空は暗く、心も暗く……っていう感じの曲なんだ」

「ちょっと、歌ってみてくれない」

「ここで？」

「そう、ちょっと、小さな声で歌ってくれないかな」

「駄目だよ、周りに人がいるのに……」

「だから、小さな声で、低くでいいから。聞かしてくれないかな、その〈別れの旅〉を。あなたが好きだという曲を知らないのは、なんとしても話が進めにくいから。お願いしますよ」

「じゃあ、一番ね。

夜空は暗く　心も暗く
さびしい手と手　重ねて汽車に乗る
北は晴れかしら　それとも雨か……
愛の終わりの　旅に出る二人

という歌なの」

「いい歌ですね、ほんとに。どうして、こんないい歌を葬《ほうむ》ってしまったんだろう」

「この歌を出して、一ヵ月後に、前川さんと離婚してしまったの。いかにもぴったりしすぎるじゃない。〈別れの旅〉だなんて。そんなこと思いもよらなかったけど、宣伝用の離婚だなんて言われて、口惜《くや》しくて口惜しくて、それならもう歌いません、という調子で歌うのをやめてしまったの」

「馬鹿ですねえ」

「ほんと馬鹿なの。それで、歌う歌がないもんだから、しばらくはB面の歌を歌ってた。馬鹿ですね、われながら。でも、やっぱり、あたしには歌えなかったよ。だって、四番なんて、こんな歌詞なんだよ。

終着駅の　改札ぬけて
それから後は　他人になると云《い》う
二年ありがとう　しあわせでした……
後見ないで　生きて行くでしょう

こんな歌詞を、離婚直後に、沢木さんだったら歌える？」

「どうだろう」

「歌手だったら、プロの歌手だったら、絶対に歌うべきなんだろうけど、あたしは駄目だった。駄目だったんだ……」

「結婚と離婚という、女性にとっての曲り角に、そういう歌がやって来るという巡り合わせになってしまったところに、あなたの歌手としての運命があったんだろうな。なにも、そんなときに、よりによって、そんないい歌が、しかもそんな歌詞で、できてこなくてもいいわけだからね。それに、あなたがそんなあなたじゃなければ、それを歌いつづけて、大ヒットさせたかもしれないしね」

「その二曲を殺さないで歌ったからといって、ヒットしたかどうかはわからないけど、残念だなあ、もっと歌いたかったなあ、歌っておけばよかったなあ、という思いはあるんだよね」

2

「前川さんと離婚して、次に好きな人があなたの前に登場してきたのは、いつ頃？」

「わりと、間もなく」

「へえ、あなたも案外な人ですね」

「エヘヘ。でも、あたしって、飽きっぽいらしくって、すぐ飽きてしまいました」

「ひどい人ですねえ」

「フフフッ。飽きっぽいというより、アッサリしてたのかな。好きな人がいたとしても、一ヵ月に一度くらいしか会わなくても平気だったの。その頃は、ね。こっちから電話したことないから、向こうから思い出したように電話があって……それで平気だった」

「その頃、それじゃあ、仕事以外のときは、いったい何をしておったのですか」

「そうですねえ……あっ、そうだ。毎晩、遊び呆《ほう》けておりました」

「どんなふうに遊んでいたの？」

「ディスコに行ってたんだよね。親しいテレビのディレクターや、フォーリーブスのメンバーと。コウちゃんとか、みんなと」

「コウちゃんて、北公次とかいう、比較的よくトラブルを起こす……」

「みんな気のいい連中でね。六本木のパブ・カーディナルで集合して、赤坂のディスコに行って、青山のクラブに行って、という感じで、毎日毎日、朝の六時、七時まで遊んでた。時には誰かの家で麻雀《マージャン》することもあったし……。あたし以外のメンバーは、ガール・フレンドと遊んだりする日があるから、そのグループから抜ける日もあったんだけど、なぜかあたしだけは……」

「皆勤賞ものだったわけ？」

「そう、そう言えば、いつも加わってた。ほかには、かまやつさんとかひろみ君とかいたし……」

「かまやつひろしに郷ひろみ？」

「うん。そういう人たちが入っていたときもあるし、みんなでワイワイやってた。同じくらいの齢《とし》の人が多かったし、どういうわけか男と女という感じにならなかったから、永く続いたんだと思う、その仲間とは」

「どのくらい？」

「二年くらい……何事もなく……女としては名誉なことかどうかわからないけど」

「まったく」

「部屋に遊びに行っても、ただレコード聞いたり、おしゃべりしてるだけなの。それで、毎晩、ディスコ」

「場ちがいな感じ、しなかった？」

「ぜんぜん。そうか、言われてみれば、場ちがいなふうだけど、そのときは何も感じなかった」

「いま思うと、面白かった？」

「面白かったよ。……面白かったと言えば、言えないことはない、というくらいかな。いま考えれば、ね。そのときはいいと思っていたはずだから」

「しかし、前川さんと離婚してから、あなたには実にさまざまなことが、起きちゃうんですよね」

「そうでもないよ」

「まず御両親の離婚があったでしょ」

「うん……」

「ここにある、週刊誌のコピーを見ただけだって、あなたにとっては凄《すさ》まじい体験だったろう、と思うよ。記事のタイトルだけだって壮烈だもん。〈娘・藤圭子を奪いあって両親が離婚！〉〈娘・圭子を離婚させたのは、父・阿部壮だ!!〉〈無惨《むざん》！藤圭子一家の『人間崩壊』〉〈藤圭子が実父と絶縁！　問題の父はテレビで〝真相〟を暴露〉と続いた……」

「………」

「よく耐えて、頑張ってきた」

「あたしはね、ただお母さんとお父さんを離婚させてあげようとしただけなの」

「どうして？」

「お母さんの望みだったから」

「なぜ？」

「………」

「それが昭和四十八年だよね。その年、紅白歌合戦に出場しなかったわけだけど、それはどうしてなの？」

「知らないよ、そんなの、向こうが勝手に選ぶことなんだから」

「家族のことやなんかで、スキャンダラスな出来事が続いたからかな」

「わかんないよ。規準なんてないんだから、どんな理由なのか」

「口惜しくなかったの？」

「それは、口惜しいですよ。筋が通らないんだもん。テストの八十点以上とか以下とかいうんじゃないんだから。そういうのなら、はっきりしていて気持がいいけれど、そうじゃないんだよね。あんな番組に出たくはないけど、向こうが選ぶというのに、選ばれないのはやっぱりシャクじゃない。人と比較して……されて、それでただ理由もなく、勝ち負けが決められてしまうわけじゃないですか。人に負けるのはいやだったから、それは口惜しかったですよ」

「腹が立った？」

「うん、荒れた」

「荒れた？」

「いや、荒れたといっても、NHKが選ばなかったということが、直接の原因じゃないんだよ。シャクだけど、選ばないのは向こうの勝手なんだからね、それはよくわかってた。あたしって、自分が納得できさえすれば、どんなことでも平気な性分でしょ。

だからそのときにね、マネージャーが、紅白に落ちましたけど別にいいじゃないですか、来年からＮＨＫに出なければいいんですから、と言ってくれるようだったらよかったの。藤圭子を選ばなかったんだから、それは来年に藤圭子を必要としないということなんだろう。納得がいかないのに、ＮＨＫだからといって尻尾《しっぽ》を振ることはない。藤圭子が出ないからといって、ＮＨＫは痛くもかゆくもないだろうから、来年からＮＨＫに出ることは一切やめましょう、と言ってくれるマネージャーがいなかったことに腹を立てたの。もし、そんなふうに頑張ってくれるマネージャーがいたら、そのことで落ちぶれて駄目になっても満足だった。自分で納得できるもん」

「女にしておくには、もったいない性分だね、まったく」

「それでマネージャーに言ったわけ」

「沢ノ井さんに？」

「ううん、事務所は大きくなって、いろんな人が入ってきていたんだ」

「で、そのマネージャーに、どう言ったの？」

「向こうが出さないっていうんだから、こっちも出るのやめようよ、来年のＮＨＫのスケジュールをとるのはやめよう、って。そうしたら、蒼《あお》くなって、そんなことはできないっていうわけ。でも、あたしはあたしの筋を通したかったんだ。選ばれた人より、あたしの方が劣っているとは、どうしても思えない。でも、NHKは劣っているとみなした。だったら、こっちにもNHKを拒絶する自由があるじゃない。そうしたら、事務所の人やレコード会社の人がみんなで来てね。マネージャーは、そんなことをしたら芸能界では生きていけない、というわけ。あたしは後悔しない、と言ったんだ。それより、向こうが拒絶しているのに、こっちから尻尾を振っていく方がよっぽど耐えられないよ。でも、ついに、わかってもらえなかったの。そこで、爆発してしまったわけ。どうして、あなたたちには意地っていうものがないの、って」

「気持はよくわかる。しかし、そのマネージャーの肩を持つわけじゃないけれど、そんなこととして芸能界でやっていけるかな」

「うん、あたしがマネージャーだったら、そうするね。藤圭子という歌手の性格をよく知っている、頭のいいマネージャーだったら、そうしてたね。あたしは、そこでガッカリしちゃったの。ああ、みんな、その程度の考え方なのか、その程度の仕事なのか、って」

「しかし、事務所をひとつの企業として考えれば、それをやらせるのは酷だよ」

「でも、どんなことでも筋は通すべきだと思うんだ」

「たとえ、それでメタメタになっても？」

「そんなことで駄目になるようなんだったら、その人に力がなかったというだけのことだよ」

「それはそう。ぼくもそう思う」

「そんなとこで媚《こび》を売らなけりゃならないような才能だったら、タカが知れてるよ」

「それにしても……仕事の話になると、ほんとにきつい顔になるね、あなたは」

「えっ、ほんと？」

「うん、ちょっと、恐《こわ》いくらいの感じになる」

「フフフッ」

「しかし、紅白歌合戦自体には、何の魅力も感じなかったのかな、あなたは」

「うん」

「初めて出たときも嬉《うれ》しくなかった？」

「うん」

「無感動？」

「うん。初めて紅白に出たときも、ずいぶんシラけた番組だなあと思ってた。お客さんもシラッとしてて、舞台の袖《そで》で、ディレクターが一生懸命になって手を振っているのに、少しも拍手しないんで、一緒になってその横で手を振ってあげた記憶がある」

「へえ、あなたが？」

「うん。でも、紅白って、いつ出てもくだらないことをやらせるんだよね。昭和五十年に紅白にカムバックさせられたときも、嬉しいというより、シラけてたよ。NHKって、個人的にはすごくいい人が、ほかの局より多くいるのに、あれはどういうんだろう。五十年のときも、ライン・ダンスをやれというの。その前後の何年間か、紅組女性チームの全員で網タイツをはいて、ライン・ダンスをやらせるというのが続いていたの。ダルマっていうんだけど、そういう姿でね。あたしは絶対にいやだって頑張ったの。あたしは歌を歌うために出るんだし、そんな恰好《かっこう》をする義務はないって断ったの。ところが全員でやるんだからといって、説得に来るわけ。どうしてもやらなければ駄目というなら、紅白に出なくても別に構わないと言ったんだ。そうしたら、みんな蒼くなって、NHKの人も来たの。だから、あたしは体に自信がないし、そんな姿を見せるのも恥ずかしいし、って頑張ったの。そう言われれば、向こうも仕方なかったらしくて、ようやく諦《あきら》めてくれたの」

「結局、その年、ライン・ダンスには参加しなかったの？」

「うん。島倉千代子さんなんかと、応援をするようなふりをして、横で立っている役にしてもらった」

「なるほどね、そのいきさつもあなたらしい。それって、昭和五十年だよね」

「うん」

「でも、五十年に、特別いい歌に恵まれたということはなかったように思うけど」

「そうかもしれない」

「五十年の冬にパリのオルリー空港であなたを見かけたでしょ。それが大きいんだろうけど、日本に帰ってからも、あなたのことが気になってね」

「そう……」

「しかし、あなたにはヒット曲らしいヒット曲が出ないんで、どうしたんだろうと蔭《かげ》ながら心配していたんですよ。ヒット曲が出る出ないはどうでもよかったけど、いい歌を歌わなくなった。どうしてだろうと不思議だった」

「事務所を移籍してから、ほんとにいい歌にめぐまれなかった。いい歌というか、あたしが好きな歌に。あたしが好きな歌、ほんとに一曲もなかったもん。どうして、どうして、こんな歌あたしが歌わなければいけないの、どうしてって、そんな曲ばかりだった」

「沢ノ井さんのところから、新栄プロダクションという事務所に入ったんですよね。それはなぜ？」

「もう行き詰まってしまったの。沢ノ井さんの作品も事務所の経営も、あたし自身も。沢ノ井さんとあたしのあいだには、何ひとつ契約があったわけじゃないから、どうしようと自由だったんだけど……」

「新栄は沢ノ井さんに三千万か四千万の金を払ったと言われているよね。その金で、沢ノ井さんは事務所を整理したわけか、なるほど」

「その辺のことは、あたし、よく知らないんだ……」

「だけど、新栄に移っても、その行きづまりは解消できなかったわけなんだね」

「うん……」

3

「ぼくはね、あなたに会ってこうやって話を訊《き》きたかったわけだけど、こちらから話したいことが、二つあったんですよ。ひとつは、オルリーで見かけたということ。でも、もうひとつあるんだ」

「どんなこと？」

「そう、どう言ったらいいか……」

「なんか、恐そうな話だね」

「ハハハッ。恐くなんかないけど……」

「なんか、そんな感じのする、しゃべり方だもん、少し恐いよ、ほんとに……」

「あなたに〈面影平野〉という曲がありましたよね」

「うん」

「阿木燿子《あきようこ》が作詞して、宇崎竜童が作曲した。当代随一のコンビが、初めて藤圭子に書き下した曲、という謳《うた》い文句で」

「うん」

「いい曲だった」

「うん……」

「ラジオで聞いたとき、ぼくはすごくいいと思った。久しぶり、ほんとに久しぶりに、藤圭子が曲に恵まれたと思ったんだよね。〈面影平野〉が出たのは、二年くらい前のことになるかな」

「うん」

「これはヒットするぞ、と思いましたね。阿木さんの詞がすばらしかった。ここに歌詞カードがあるんだけど、

女一人の住まいにしては　私の部屋には色がない
薄いグレーの絨毯《じゅうたん》の上　赤いお酒をこぼしてみよか
波紋のように足許《あしもと》に　涙のあとが広がって
酔えないよ　酔えないよ
六畳一間の　面影平野

宇崎さんの曲だって悪くなかった。ヒットする条件はそろっていた。なのに、なぜかヒットしなかった」

「でも、まあまあいったんだよ、あの曲」

「いや、あんな程度のものは、藤圭子にとって、ヒットでもなんでもないはずですよ。〈面影平野〉は、ヒットしなかった」

「うん……」

「どうして〈面影平野〉はヒットしなかったんだろう？　絶対にヒットしてもいいはずだった。ぼくはそう思う。なのに、なぜヒットしなかったのか」

「わかんないよ」

「わからないはずはないさ」

「でも……」

「曲が悪かったの？」

「…………」

「そんなはずはない。いい曲だった。阿木さんと宇崎さんの曲の中でも、最もいい曲のひとつだと、ぼくは思う。そうじゃないとすれば……」

「…………」

「藤圭子のパワーが落ちたから？」

「…………」

「藤圭子の力が落ちた。だからなのかな？」

「…………」

「何故《なぜ》あんないい歌をヒットさせられなかったんだろう」

「…………」

「藤圭子は、藤圭子じゃなくなってしまったの？」

「……そうさ。そうだよ。あたしは……あたしでなくなっちゃった。そうなんだよ」

「…………」

「藤圭子の力は落ちた。そうさ、落ちたよ。それは誰よりあたしが知っている。力は落ちた。パワーはなくなった。そうさ、なくなったよ」

「…………」

「だからヒットさせられなかった。沢木さんがそう言うなら、そうかもしれない。でも、藤圭子の力が落ちたことと、あの曲がヒットしなかったこととは、あたしには関係ないことだと思えるんだ」

「…………」

「あたしにはね、あの歌がそんなにいいとは思えないんだよ」

「えっ？」

「いや、みんないいって言うよ。スタッフのみんなも、テレビ局の人とか、歌のよくわかっている人は、ほとんどみんないいって言ってくれた。でも……いいとは思えないんだ、あたしには」

「あなたは、あの曲が好きじゃなかったのか……」

「好きとか嫌いとかいうより、わからないんだよ、あの歌が」

「わからない？　あの詞が？」

「そうじゃないんだ。すごくいい詞だと思う。やっぱり阿木燿子さんてすごいなって思う。でもね、そのすごいなっていうのは、よく理解できる、書かれている情景はよくわかる、そんな情景をどうしてこんなにうまく描けるんだろう、すごいなっていう感じですごいんだよ。たとえば、三番の歌詞なんて、普通の人には書けないと思う。

最後の夜に吹き荒れてった　いさかいの後の割れガラス
修理もせずに季節がずれた　頬に冷たいすきま風
虫の音さえも身に染《し》みる　思い出ばかり群がって
切ないよ　切ないよ
六畳一間の　面影平野

特にさ、修理もせずに季節がずれた、なんて、やっぱりすごいよ」

「わからないって、さっきあなたが言ったのは、どういう意味なの？」

「心がわからないの」

「心？」

「歌の心っていうのかな。その歌が持っている心みたいなものがわからないの、あたしには。あたしの心が熱くなるようなものがないの。だから、曲に乗せて歌っても、人の心の中に入っていける、という自信を持って歌えないんだ。すごい表現力だなっていうことはわかるんだけど、理由もなくズキンとくるものがないの。結局、わからないんだよこの歌が、あたしには、ね」

「なるほど、そういうことか……」

「歌っていても、女としてズキンとしないんだよね」

「あなたにとって、ズキンとする曲だったのは、たとえばどんなものだった？」

「たとえば……そう、〈女のブルース〉。

女ですもの　恋をする
女ですもの　夢に酔う
女ですもの　ただ一人
女ですもの　生きて行く

この歌はよくわかった。歌詞を見たときからズキンときた。うん、そうだった」

「そうか、〈面影平野〉はあなたの心に引っ掛からなかったのか」

「そうなんだ、引っ掛からなかったの。だから、人の心に引っ掛かるという自信がないままに、歌っていたわけ。それでヒットするわけがないよね」

「それじゃあ、ヒットしないのも仕方がなかったかもしれないね」

「うん」

「仕方ない、うん」

「…………」

「あなたに力がなくなったとか、パワーがなくなったとかっていう台詞《せりふ》は、撤回することにしよう。ごめんなさい」

「いや、謝ってくれなくてもいいんだよ、その通りなんだから。ほんとに、力が落ちたんだから、あたし。パワーが落ちたんだから」

「…………」

「あの〈面影平野〉がヒットしなかったのは、あたしが詞の心をわからなかったから……だけじゃないんだよ。そう思いたいけど、やっぱり、藤圭子の力が落ちたから、なのかもしれないんだ」

「落ちた？　なぜ？」

「もう……昔の藤圭子はこの世に存在してないんだよ」

「どういうこと？」

「喉《のど》を切ってしまったときに、藤圭子は死んでしまったの。いまここにいるのは別人なんだ。別の声を持った、別の歌手になってしまったの……」

「別人になってしまった？」

「そう、別人」

「なぜ？」

「無知なために……手術をしてしまったから、さ」

「そうか、喉の手術があなたを変えてしまったのか」

「そう……そうなんだ、残念ながら」

五杯目の火酒

1

「酒、呑《の》んでますか」

「呑んでますよ、しっかりと。フフフッ」

「五杯目の酒ですから、大切に呑んでください」

「そんなに呑んでる？　あたし、そんなに呑んでるとは思えないけど」

「かなり、クイクイと呑んでますよ」

「そう？」

「そうですよ。女としては、かなりいい酒呑みじゃないかな、あなたは」

「そんなことないよ。あたしみたいに弱いのって、いないよ。ほかの人はもっと強いよ」

「まあ、いいでしょう。しかし、なんで手術なんかしたの。喉《のど》といえば、あなたたちの財産じゃないですか」

「うん。やっぱり、無知だったとしか言いようがないんだ。パタッと声が出なくなったときがあったんだよ」

「いつの頃の話？」

「デビューして、五年目くらいかな。どうしても声が出なくなっちゃって、入院したんだ。一週間、スケジュールを無理してあけて、休養したわけ。テレビはそういうとき、かなり融通がきくんだけど、営業はそうはいかないの……」

「営業？　営業っていうのは……」

「ああ、それはね、地方でショーをやったりクラブへ出たりして、日建ていくらでお金をもらう仕事のことを言うの」

「へえ、それを営業と呼ぶのか。まあ、まさに、営業そのものだけどね。で？」

「うん、一週間くらい入院して、声の方も少しよくなったんで、退院したわけ。でも、営業のスケジュールは変更がきかないんで、退院した翌日、もう地方へ行って、ショーか何かに出演しなければならなかったんだ。久しぶりに歌うわけじゃない。嬉《うれ》しくてね、張り切って歌っちゃったの。ショーだから、二十曲くらい歌わなくてはならないんだ。ワァーッと歌って……ところが、翌日から、また、パタッと声が出なくなった。それで、みんな慌《あわ》てちゃったんだ」

「それまで、そんなことはなかったの？」

「いや、前から声が出なくなることはよくあったんだ。でも、そのときは、一週間も休んだのに、そのすぐあとにまた出なくなったんで、これは大変だということになったわけ。あれだけ休んだのに、どういうわけだろう、ただの疲労とは違うんじゃないか、って」

「なるほど、声帯の疲れじゃなくて、喉の異常と考えたわけだ」

「そうなんだ。そこでね、国立病院で見てもらったら、結節だから切らなくてはいけない、ということになったの」

「ポリープとかいうのかな。あれって、よく歌手がなるけど、どういう病気なの？」

「喉を使いすぎて、小さなコブみたいのができるんじゃないのかな」

「それが、あなたにもできているから、切除しろということになったのね？」

「うん」

「前は、休めば元に戻っていたの？」

「そうだね……声は昔からよく出なかったんだ。それが心配だから、ふだん話すときもほとんど声を使わなかったくらいでね。どうしてもしゃべらなくてはいけないときは、小さな、空気のかすれるような声で話してた。もったいなかったんだよ。人とおしゃべりする声があったら、歌う声に残しておきたかったから。デビューした頃、あたしが無口だと思われてたのは、ひとつにはそれもあると思う。だから、なんて言うのかな、出ないのが普通だったんだ、あたしにとっては。その声を貯《た》めて、それを絞り出していたんだよね、きっと。だから、一週間休んで出なくなったときも、そんなに慌てることはなかったはずなんだ。何かの条件が重なっただけのことで、やっぱり少し休んで、また声を貯めれば、それでよかったんだよね。ところが……切っちゃったんだよね。早く楽になりたいもんだから、横着をして、切っちゃったわけ」

「切ったのね、実際に」

「切ったんだ。切っちゃったんだ。思うんだけど、あたしのは結節なんかではなかったんじゃないだろうか」

「どういうこと？」

「よくはわかんないんだけど、あれは先天性のものだったんじゃないかなあ。あたしのは、喉を使いすぎたから、ああなったというわけじゃなかったんだ。子供の頃から、歌い出す前から、そうだったんだ。あれは、先天的なものだったんじゃないだろうか。だって、そうじゃなければ、子供の頃からあんな声が出るわけがないもん」

「先天的な、結節、のようなものが、あなたの喉にはあった……」

「歌手になってから、使いすぎて急にできたっていうはずもない。だって、その前の方が、むしろいっぱい歌ってたんだから。あのときも、ただ休めばよかったんだ」

「そう思う?」

「そう思う」

「あなたは、あまり後悔したりしない人のように思うけど、それは別なんだね」

「別だね、残念だね。自分の声に無知だったことが、口惜《くや》しいね」

「口惜しいか……」

「うん。決まってたんだよね、その、先天的な結節みたいのを取っちゃえば、声が変ってしまうということは、ね。でも、あのときはわからなかった。結節さえ取れば、これから楽に声が出るようになるって、それしか考えなかったんだ。でも、それを切り取ることで、あたしの、歌の、命まで切り取ることになっちゃったんだ」

「手術はうまくいったんでしょ?」

「うん。全身に麻酔されて……全身を裸にされて、白いシーツをかぶせられ、注射を打たれ、数分するともう体中がふわっとして……気がついたときにはもう手術が終ってた。手術はとてもうまくいったんだって」

「手術そのものには問題なかったわけなんだね」

「そうなの。問題は、手術すること自体にあったんだから」

「もし、そのとき、手術をしなかったとしたら……」

「今度の、この引退はなかったと思う」

「ほんと？」

「その手術が、あたしの人生を変えたと思う。よいとか悪いとか言いたいわけじゃなくて、結果として変ってしまったと思うんだ。引退ということの、いちばん最初のキッカケは、この手術にあるんだから……」

「そんな前から、やめることを考えてたの？」

「ある意味ではね」

「どうして？」

「声が変ってしまったんだよ。まったく違う声になっちゃったの」

「そんなに変った？　ぼくたちにはよくわかんないけどなあ……」

「変ったんだよ。あたしたちも、はじめの頃はそれに気がつかなかった。手術して、しばらく休んで、初めて歌ったとき、やっぱり、あれっ、とは思ったんだよ。声がとても澄んでいたんだ。あれっ、とは思ったけど、おかしいなとは思わなかった。長く休んでいたから声が綺麗《きれい》になっただけだろう、歌いこんでいくうちに元のかすれ声に戻るだろう、と思っていたわけ。ところが、いつまでたっても澄んだままなの。変だな、と少しは思うようになったんだ、時の経《た》つのにつれて。でも、それが手術のせいだとは思わなかったの。思いたくなかったのかな。手術によって声の質が変ったなんて、それこそ考えたくもなかった。でもね、どうしても、それに気づかざるをえないときがきちゃったんだ……」

「テレビかなんかの録画を見て？」

「そうじゃないの。レコーディングのときなんだよ。手術後、初めてのレコーディングがあったの。〈私は京都へ帰ります〉という歌だったんだけど。そのときなんだ」

「レコーディングされた自分の声を聞いて、変ったと思ったわけだね」

「違うんだよ。あたしの場合はね、ディレクターもミキサーもとても気の合った人たちばかりでレコードを作ってたから、お互いによく知っていたわけ。たとえば、ミキサーの人は、あたしの声の質とか、量とかのレベルをよく知っているわけ。だから、そのときも、いつものように、あたしのレベルに合わせて、セッティングが終っていたの。ところが、いざ歌い出したら、高音のところで、針が飛びそうなくらい振れすぎちゃったんだよ」

「なるほど」

「みんな、おかしい、おかしい、と言い出して、もう一度やるんだけど、同じなんだ。高音が、澄んだ、キンキンした高音になってしまっていたわけ。あたしのそれまでの歌っていうのはね、意外かもしれないんだけど、高音がいちばんの勝負所になっていたの。低音をゆっくり絞り出して……高音に引っ張りあげていって……そこで爆発するわけ。そこが聞かせどころだったんだよ。ところが、その高音が高すぎるわけ。あたしの歌っていうのは、喉に声が一度引っ掛かって、それからようやく出ていくところに、ひとつのよさがあったと思うんだ。高音でも同じように引っ掛かりながら出ていってた。ところが、どこにも引っ掛からないで、スッと出ていっちゃう。前のあたしに比べると、キーンとした高音になってしまったんだよ。ミキサーの機械が、ハレーションを起こすみたいになっちゃうわけ」

「それで、どうしたの？」

「ミキサーの人も困って、仕方がないから、高音のとこにさしかかると、レベルをグッと下げるようにしたの。そうしないと、うまく収まらなくなってしまったんだよ。そのためにどういうことになったかというと、歌に幅がなくなったんだ。歌というよりは音だね。音に奥行がなくなっちゃった」

「厚味がなくなってしまった」

「そう。そしてレコードに力みたいのがなくなってしまったわけ」

「そういうことか……」

「聞いている人には、はっきりとはわからなくても、あたしにはわかる」

「あなたの歌から、なにか急速に力がなくなっていったような、そんな気がぼくにもしてたけど、それは、もっとあなたの精神的なものから来ているんだと思っていた。あなたの置かれている状況の変化とか、そういうものだと……。そうか、そういうことだったのか……」

「手術する前は、夜遊びしても、声が出なくなるのが心配で決して騒がなかったの。でも、手術してからはその心配がなくなった。いくらでも声が出る。でも、その声はあたしの声じゃないんだよ」

「少なくとも、前の、あなたの声じゃない」

「まるで前と違ってたんだ。そのことに気がついてから、歌うのがつらくなりはじめた」

「つらくなっちゃったのか……」

「つらいのはね、あたしの声が、聞く人の心のどこかに引っ掛からなくなってしまったことなの。声があたしの喉に引っ掛からなくなったら、人の心にも引っ掛からなくなってしまった……なんてね。でも、ほんとだよ。歌っていうのは、聞いてる人に、あれっ、と思わせなくちゃいけないんだ。あれっ、と思わせ、もう一度、と思ってもらわなくては駄目なんだよ。だけど、あたしの歌に、それがなくなってしまった。あれっ、と立ち止まらせる力が、あたしの声になくなっちゃったんだ」

「でも、あなたは依然として充分にうまいじゃないですか。そこらへんの歌手よりも数倍うまい」

「確かに、ある程度は歌いこなせるんだ。人と比較するんなら、そんなに負けないと思うこともある。でも、残念なことに、あたしは前の藤圭子をよく知っているんだ。あの人と比較したら、もう絶望しかなかったんだよ」

「そうか。どうしたって、あなたは、あの人と比べないわけにはいかないよな」

「そうなんだ。そうすると、もう、絶望しかないわけ。藤圭子の歌を歌うんだけど、それは藤圭子の歌じゃないんだ。違う歌になっているの。人がどんなにいいと言ってくれても駄目なんだ。それは理屈じゃないの。あたし自身がよくないって思えるんだから、それは駄目なんだよ。だいいち、あたしが歌ってて、少しも気持がよくないんだ」

「そうか、気持がよくないのか」

「タクシーなんか乗っていると、運転手さんに言われるわけ。この頃、ずいぶん声が綺麗になりましたね、って」

「あの人たちは、ラジオでよく聞いているからね」

「その人がどういうつもりで言っているのか、よくはわからないんだけど……そのあとに、だから最近の歌はよくないとか言うんじゃないんだからね。でも、そう言われると、ビクッとするの」

「そうだろうね」

「自分のいちばん恥ずかしいとこを見られちゃったような気がして……ほんとに……」

「それはドキッとするだろうな」

「手術のあとからは、みんなに声がよくなりましたね、よく出るようになりましたね、よかったですね、って言われるようになったけど、そして、表面的には、ええ、なんて答えてたけど、ほんとは、違う、違う、とおなかの中で言いつづけてたんだ。よくない、よくない、って」

「微妙なものなんだね、声っていうのも」

「そうなの。それなのに、そこにメスを入れちゃったんだ。変わるはずだよね。お母さんはね、これで、純ちゃんがいつ声が出なくなるかとヒヤヒヤしながら聞いていなくてすむ、って喜んでたんだ。でも、本当はね、あたしの声が変わっちゃった、駄目になっちゃったということを、いちばん早く知ったのは、お母さんだったんだよ」

「どういうこと？　それは」

「手術してすぐのショーのとき、会場にお母さんも来ていたんだよね。あたしが本番の前に音合わせか何かをしてたらしいんだ。それをね、舞台の袖《そで》で聞いていたお母さんが、傍にいる人に訊《たず》ねたんだって。純ちゃんの歌をとても上手に歌っている人がいるけど、あれは誰かしら、って。その人が驚いて、何を言っているんですお母さん、あれは純ちゃんが歌っているんじゃありませんか……」

「ほんとに、お母さんがそうおっしゃったの？」

「うん」

「すごい話だね……」

「お母さんは耳を澄ましてもういちど聞いたらしい。でも、そう言えば純ちゃんの歌い方に似ているけど……としか言えなかったんだって。お母さんは、その話を、最近になるまで教えてくれなかったんだけど、ね」

2

「手術する前のあなたって、どんなだったんだろう」

「どんな、って？」

「歌に対して、どんなふうに考えていたんだろう。考えていなかった、何も、ってさっきは言っていたけど」

「考えていなかったね、ほんとに」

「自分の歌については？」

「何も」

「うまいとかへたとかは？」

「考えもしなかった」

「人がどんなふうに感じ取ってくれているのかということについては？」

「まったく」

「少しも？」

「少しも。だから、よかったんだと思うんだ。無心で、ただ歌うだけだった。ところが、手術してから気になり出したんだよ。いろんなことが、ね。自分の声についても、人の反応についても、気になってきた。手術して、確かに声は変わった。でも、そのことによって、急に気になりはじめたっていうことの方が、あたしにとってはいけなかったのかもしれないんだ。歌手としては、わかりはじめたことが恐《こわ》いんだよ」

「そうかな？」

「そうだと思うよ。無心だからよかったんだよ。無心だったから、ああいう歌が歌えたんだよ。いろんなことがわかり出したら、もう駄目だったんだ」

「そうかな？」

「そうだよ」

「ぼくはそうは思わないけど。わかりはじめたって、別に構わないじゃない」

「構うよ」

「いや、そうじゃないと思うな。……ついこのあいだ、国際女子マラソンというのがあったの、知ってる？」

「うん。見なかったけど」

「ぼくもテレビでしか見なかったんだけど、そのあとで、とても面白い話を聞いたんだ。あの大会には、いろんな国の女性ランナーが出場して、結局スミスさんとかいう四十歳を超えたママさんランナーが優勝したんだ。とてもすごいことだけどね。しかも、記録がぼくたちから見ると驚異的なんだ。男性の一流のマラソン・ランナーの中心的な記録というのが、二時間十分前後なのに対して、彼女たちの記録は二時間三十分前後なんだ。その差、もう、二十分しかない。日本の女性ランナーはもう少しレベルが落ちるんで、上位に入賞することはできなかったんだけど、ね。でも、話の本題はそこにはなくて……えーと、あなたは、ゴーマン美智子《みちこ》という名を聞いたことがある？」

「ないなあ」

「そうか。その人はね、日本人なんだけど、アメリカ人と結婚してアメリカに住んでいる人なんだ。どうして彼女が有名になったかというと、ボストン・マラソンで完走して女子の中で一位になったんだ。つまり、女子マラソンのパイオニアのひとりだったんだね。だから、今度の国際女子マラソンにも、当然出場するために東京にやって来た。かなりの齢《とし》になっていたから優勝は無理にしても、二時間五十分を切って、上位入賞はできるんじゃないか、と思っていたらしい。これからあとの話は、ぼくの知り合いがゴーマン美智子さんから直接聞いた話なんだ。彼女、スタートからとても体の調子がよかったらしい。いつもはレース前に眠れないとか、途中で腹痛をおこすとか、いろいろトラブルが起きるんだけど、そのレースにかぎっては、とても好調だったんだそうだ。ところが、走っているうちに不思議なことに気がついたらしい。そのレースはね、東京で行なわれたんだけど、ゴーマン美智子さんもかつて東京で生活したことがあるらしくて、走っているうちにいろいろなことが頭の中に甦《よみが》えるんだって」

「ああ、思い出が……」

「そうなんだ。いま走っている駿河台下ではああいうことがあった、皇居の近くではこういうことがあった、なんてね。周りの風景が変わるたびに、記憶が甦って、なつかしくなるんだって。そうするうちに、どういうことになったかというと、気分的にとても充《み》たされはじめてきちゃったらしいんだ。心が暖かくなってきて、人に抜かれても少しも口惜しいと思わなくなったらしい。いつもだったら、コンチクショウと思って抜き返すのに……」

「なんか、わかるような気がするね」

「結果、ゴーマン美智子さんは、完走はしたけれど、二時間五十分も切れず、十位以内にも入れなかった。それはそれで仕方のないことと思ったらしいんだけど、翌朝の新聞を見て愕然《がくぜん》としたんだそうだ」

「悪口が書かれてたの？」

「いや、そうじゃないんだ。新聞に一位になったスミスさんの談話が載っていたんだけど、そこでね、スミスさんは、沿道で観衆から盛んな声援があったようですがという記者の問いかけに、こう答えていたんだ。まったく気がつかなかった、どのくらい声援してくれていたのか、まったく覚えていない、私はゴールだけを目指していたから、って。それを読んで、ゴーマン美智子さんはショックを受けたと言うんだ」

「そうか、一位の人は少しも周りを見ていなかったんだ……」

「ところが、ゴーマン美智子さんは見えちゃったわけですよ、周りの風景が。眼に入ってきてしまった。そこに決定的な差があった、とゴーマン美智子さんは解釈したわけだ。やっぱり、風景が見えるようじゃ駄目なんだ、と」

「そうなんだよ！　周りが、周りの風景が見えてきちゃうと、人間はもう駄目なんだよ。トップを走ることができなくなっちゃうんだよ。そうなんだ。あたし、そのゴーマンさんという人の感じ、よくわかる。あたしも見えてきちゃったんだよ、手術してから、周りが見えはじめてきたんだ。さっき、わかりはじめたと言ったのは、そういうことなんだよ。一位の人みたいに、声援とかビルとか信号とか、何も気がつかなくて走ってるときが、あたしも一番よかったと思うよ、自分でも。ゴーマンさんも見えはじめてしまったんだね、きっと」

「うん」

「だから、負けちゃったんだ」

「いや、そうじゃない」

「えっ?」

「ぼくは違うと思うんだ。ゴーマンさんはどうかわからないけど、少なくともあなたの考え方は違うと思う」

「どうして?」

「確かに、何も見ないで走っているとき、その人は強いよ。何も見えないという状態は、走る人にとっては望ましいことかもしれない。特に、走りはじめたばかりの人……つまり、その世界の新人には、あたりを見まわしている余裕なんかないから、風景も眼に留めずその世界を走り抜けることができる。だから、新人は、ある意味で強いわけだ。しかし、やがて、その新人にだって、風景が見えるときがやって来る。その契機がどういうものかはわからないけど、必ずやって来る。あなたの論理では、そのとき、その新人……もう新人ではないけど、そいつは駄目になってしまう、ということになる。もしそうだとしたら、誰でも新人の時代が終わったらだめになるということになってしまうじゃないですか。技術とか技能といったものが磨かれるということが、ありえなくなってしまうじゃない」

「人の場合は知らないよ。あたしは、あたしの場合はそうだったと言っているだけ」

「誰でも、初めの頃はひとつの方向に集中しているものだと思う。でも、五年、十年と続けていくうちに、どうしても拡散してくる。それはどうしようもないことだと思うんだ。しかしね、その拡散したあとで、もう一度、集中させるべきなんじゃないんだろうか。もしそこで集中できれば、新人の頃とは数段ちがう集中になるんじゃないんだろうか」

「そんな、仙人みたいなことできないよ」

「ハハハッ。仙人みたい、か。でも、みんな、十年も同じことを一心にやっていると、風景が見えてくるんだよ。ぼくの友人や知人たちも、みんなそこで頭をぶつけてるわけさ。しかし、もう一度、あのスミスさんみたいに、周囲の情景は何も気がつきませんでした、という集中を手に入れたいと思って、悪戦苦闘しているんだよ。やっぱり、それは、やり続けることでしか突破できないと思うんだけどな」

「理屈ではよくわかるよ。でもね、あたしの場合にかぎっていえば、よくないんだよ。手術したあとのあたしの歌は、どうしても気に入らないんだ」

「手術前の歌を聞くと、自分でもうまいと思う？」

「思うよ、やっぱり」

「手術後のは、へた？」

「……」

「へたじゃないでしょ？」

「うまいへたというより、つまらないの。聞いていてもつまらないし、歌っていてもつまらないんだ」

「つまらないのか……」

「気持がよくないんだ」

「手術前は歌っていても気持がよかった？」

「そのときは無意識だったからわからなかったけど、いま、考えてみれば、きっと気持よかったんだと思うよ。たとえばね、前にはよく声が出なくなった、と言ったでしょ。お母さんは身内だから心配するわけ。ショーなんか見にきていると、終ってから訊ねるの。すごく苦しそうだったけど大丈夫、って。そのとき、あたしは、何を言われてるのかよくわからないわけ。とても苦しそうに歌ってたよと言われて、どうしてそんなことを言うのって驚くんだ。ちっとも苦しくなんかなかったよ、とても気持よかったよ……そうだ、とても気持よかったよって、お母さんに言った覚えがある」

「苦しくないんだね」

「苦しそうだったと言われるんだけど、ぜんぜんそんなことはなかったんだ」

「なるほど」

「あたしはバラードが好きなの。バラード風に歌える歌が好きなんだ。歌うときにね、いちど喉に引っ掛かって出てくるような声を使って歌える歌が大好きなんだよ。気持がいいんだ。なんか、うっとりするような感じがするときがある」

「直接、肉体に感じるような、気持よさを感じるの？」

「うん。日本の曲じゃないけど、フランク・シナトラやなんかがカヴァーしている〈サニー〉みたいな曲を、バラード風に歌うのは、ほんとに好きなんだ」

「〈サニー〉を歌うことがあるの？」

「うん、友達なんかと騒いだりするときには、ね。でも、いまの、この声じゃあ駄目なんだよね」

「きっと、自分にしかわからない感覚なんだろうな、そこらあたりになると……」

3

「あたし、声が変わるまで、歌に対して、情熱っていうのかな、熱意みたいのは、とてもあったと思う。強く持ってたと思うんだ。やっぱり歌が好きだったんだと思う。新しい曲をもらうでしょ。そうすると、そのたびにここはこう歌って、ここはこう引っ張りあげて、なんて真剣に考えたものだったんだ。〈夢は夜ひらく〉のときだって、そうだった」

「どう考えたの？」

「あの歌も、最初はまったく普通のアレンジだったの。でも、どうしても、違うように思えたんだ、あたしには。フル・バンドで最初から伴奏がつくような歌じゃないように思えたの。伴奏はもうテープにとってあって、そのカラオケ・テープに合わせて歌うんだけど、どうしても納得できないわけ。そこにね、ギターさんがいたんで、ギターで、ギター一本で伴奏をつけてもらった。あたしは、この歌を、どうしてもバラードで歌いたかったんだよ。スタッフの人にね、ワン・コーラスだけバラードで歌いたいからって、アレンジを変更してもらったの。ギターさんが、あたしに、勝手に歌ってかまわない、自分はあとからついていくからって言ってくれたんで、最初にコードだけもらって、歌いはじめたんだよ」

「そうか……それがあの〈圭子の夢は夜ひらく〉の、あのアレンジになったわけなんだね。園まりの歌のアレンジより、あの方がはるかにいいものね。少なくとも、あなたには合っている。そうか、あの、語りのような出だしは、あなたが望んだことだったのか……」

「そうなんだ」

「とてもいい」

「二番から、普通の伴奏が入ってくるけど、ね」

「それはそれで、またよかった」

「この曲はね、どうにでも歌える歌なんだよ。あたしは、かったるい、もたれるような感じで、歌いたかったの。

夜咲くネオンは　嘘《うそ》の花
夜飛ぶ蝶々《ちょうちょ》も　嘘の花
嘘を肴《さかな》に　酒をくみゃ
夢は夜ひらく

なんてね。フフフッ、あの頃の沢ノ井さんの歌詞には、蝶々とネオンが何回出てきただろう」

「そう言えば、蝶々とネオンばかりだね」

「あたしは、五番が好きだな」

「よそ見してたら……泣きを見た？」

「見たよ。見てるよ」

「見てるのか……。昔は、そんなふうに、いろいろ工夫したり、努力したりする情熱があったんだね」

「そう。でも、いまなんか……。このあいだ営業で富山に行ったんだよ。旅館なの、そこは。そこの御主人が、旅館の十周年の記念に、どうしても藤圭子を呼びたいと思ったらしいの。プロダクションの人は、藤圭子は高いからいくらお客を集めてもきっと損するからおやめなさい、って説得したらしいんだ。でも、どうしても藤圭子ショーを自分のとこでやりたい、と頑張ったんだって。どんなに損してもいいから、って。それではというんで富山に行くことになったの。行ったら、大広間にお客がギッシリつまっているの。歌うすぐ眼の前にお年寄りがチョコンと坐《すわ》ってたりして。それはそれですごく嬉《うれ》しいんだよね。でもね、そこで気持よく歌えるのは、〈無法松の一生〉とか〈沓掛《くつかけ》時次郎〉とか、昔、流しのときに覚えた曲なんだよ」

「なぜ？」

「お年寄りが喜んでくれるということもあるけど、いまのこの声では、そういう歌しか歌えないんだよ」

「だから、なぜ？」

「その方が楽なんだよ」

「楽？　なぜ？」

「………」

「もう少し説明してくれないかな」

「うちにね、ビデオ・テープで、結構、いろんなものをとってあるんだよね」

「自分で見返すことなんか、あるの？」

「時々、ね。でも、いろんなものが、ゴタゴタになっているから、ビデオ見ただけじゃ、いつの頃なのか、ちっともわからないんだ」

「顔だけじゃ、わからない？」

「うん、自分でもわからない場合が、ずいぶんあるんだ。でも、画像が流れて歌い出すと、ひと声でわかるんだよ。あっ、これは手術したあとだ、って」

「ほんとに？　そんなにはっきりと？」

「ひと声、ひとつの音を聞いただけで、わかる。ほんとに違うんだ。ほら、聞いて、

聞いて、これ、手術後のだよ、って言うと、お母さんが言うんだ。そりゃ、そうだよ、ビデオを買ったのは、このマンションに越してきてからだったから、四年しかたってない。手術前のがあるわけないよ、って」

「手術は……」

「五年前。手術前のビデオがあれば、あたしも見たいんだ。違うんだ、ほんとに」

「そんなに違う？」

「このあいだの引退の記者会見のときなんだけど、それをテレビがニュースで流しているときに、昔のあたしが歌っている、古いビデオも一緒に流したの。なつかしい、って叫んで、慌《あわ》ててビデオを録《と》ろうとしたんだけど、間に合わなかった」

「残念だったね、それは。ぼくもそれを見てみたかったな」

「見たら、あたしの悩みがわかってくれると思うよ。だから、この五年間、苦労してきたんだもん。みんなが持っているあたしのイメージと、歌のイメージと、それともうすっかり変ってしまったあたしの声を、どうやって一致させるかってことを……。可哀《かわい》そうなあたし、なんてね」

「いまのあなたの声だって魅力的だけどな」

「でもね、みんなは前の声で歌った歌を知っているわけ。それをこの声で歌わなければばならないところに、無理があったわけ。みんなの持っているイメージから、そう離れるわけにいかないでしょ？　まったく違う、新しい曲を歌うのなら、まだいいんだ。でも、どんな場合でも、何曲か歌う場合には、初期の頃の曲を歌わないわけにはいかないんだよね。それがつらかった。そういう歌を、この、喉《のど》に引っ掛からない声で歌うのが、ね」

「少し、わかってきたような気がする。あなたが引退しなければならなかった理由が、少し……」

「この五年、歌うのがつらかった」

「いつでも？　どんなときでも？」

「うん……」

「あなたなりに、悪戦苦闘をしていたわけだ」

「どうやったらいいのか、どう歌ったらいいのか、いろいろやってみたけど、駄目だった。あたしが満足いくようには歌えなかった。最初から無理なんだよね、声が違っちゃっているんだから。テレビなんか見ていると、時々、口惜しくなるんだよね。どうして、この人たちは歌をおろそかに歌っているんだろう……」

「本来的にへたなんだから、そういうのはどうでもいいよ」

「どうして悩まないんだろう。そう思うと、あたしが悩んでいることが、馬鹿《ばか》ばかしく見えてくるんだ。なんて無駄なことをしているんだろう、って」

「無駄なんてことはない」

「そうだね、そうかもしれないね。でも、結局はやめるんだから、無駄だったのかな」

「そんなことはないさ」

「そうかな」

「もし、もしも、だよ。あなたの声が……手術前に戻ったら、戻ったとしたら……芸能界に復帰する？」

「それはありえないんだよ。戻りっこないんだよ。一度、こんなことがあったなあ。日劇でショーをやって、すぐまた営業をやったら、昔のようなかすれ声になったんだ。でもね、それはただ単に荒れたというだけのことだった。すぐ元に戻っちゃった。かすれ声になったといっても、高音の引っ張りなんかが、ぜんぜん違うんだよね。ああ、元に戻るということは絶対にないんだな、とそのときそう思ったんだ」

「声は、戻らない」

「うん」

「だから、あなたも、戻らない」

「うん」

「残念だな」

「…………」

「藤圭子の歌が聞けなくなるのは残念だと思うよ」

「うん……」

「たとえ、どんなボロボロになっても、歌いつづけようとは思わないの？」

「うん……」

「どんなことでも、やりつづけることに意味がある。あるはずだと思う……」

「わかるよ」

「じゃあ、どうして歌をやめる？」

「…………」

「歌いつづけるうちに、新しく開けてくるものがあるかもしれないじゃない」

「いやなんだ、余韻で歌っているというのが……」

「余韻？」

「一生懸命歌ってきたから、あたしのいいものは、出しつくしたと思うんだ。藤圭子は自分を出しつくしたんだよ。それでも歌うことはできるけど、燃えカスの、余韻で生きていくことになっちゃう。そんなのはいやだよ」

「燃えカスなんかじゃないさ」

「いや、いいんだ。あたしはもういいの。出せるものは出しきった。屑《くず》を出しながら続けることはないよ。やることはやった。だから、やめてもいいんだよ」

「でも……」

「藤圭子っていう歌手のね、余韻で歌っていくことはできるよ。でも、あたしは余韻で生きていくのはいやなんだ」

「……………」

「お金だけのことなら、どんなふうになったって続けることはできると思う。でも、それは仕事でもないし、まして歌じゃない」

「……………」

「一度どこかの頂上に登っちゃった人が、そのあとどうするか、どうしたらいいか……。あの〈敗れざる者たち〉っていう沢木さんの本の中に出てきたよね」

「読んだの？」

「うん。会う前に読んでおこうと思って……あの中に出てきた人たちの気持、あたしにもよくわかった。ほんとに痛いようにわかった。でもね、沢木さんには、あの人たちの気持が本当にはわかっていないんだ」

「ぼくが、わかっていない？」

「いま、あたしにどうして歌を続けないのかって、責めたよね」

「責めなんかしないけど」

「そっちが責めなくとも、こっちが責められたもん」

「ハハハッ。まあ、いいや、責めたとしよう。それだからどうだって言うの？」

「あたしは、やっぱり、あたしの頂に一度は登ってしまったんだと思うんだよね。ほんの短い期間に駆け登ってしまったように思えるんだ。一度、頂上に登ってしまった人は、もうそこから降りようがないんだよ。一年で登った人も、十年がかりで登った人も、登ってしまったら、あとは同じ。その頂上に登ったままでいることはできないの。少なくとも、この世界ではありえないんだ。歌の世界では、ね。頂上に登ってしまった人は、二つしかその頂上から降りる方法はない。ひとつは、転げ落ちる。ひとつは、ほかの頂上に跳び移る。この二つしか、あたしはないと思うんだ。ゆっくり降りるなんていうことはできないの。もう、すごい勢いで転げ落ちるか、低くてもいいからよその頂に跳び移るか。うまく、その傍に、もうひとつの頂があればいいけど、それが見つけられなければ、転げ落ちるのを待つだけなんだ。もしかして、それが見つかっても、跳び移るのに失敗すれば、同じこと。〈敗れざる者たち〉に出てくる人たちは、みんな、跳び移れないで、だから悲しい目にあっているわけじゃない？」

「そうだね」

「みんな、跳び移れれば、跳び移りたかったと思うんだ、きっと。でも、できなかった。だから、ボロボロになる人もいた。でもね、それは、あの人たちが望んでそうなったことじゃなかったと思うんだ」

「そうだね、あなたの言うとおりだね」

「沢木さんは、さっき、あたしに、ボロボロになるまで続けるべきだって言ったでしょ。それはひどいよ、厳しすぎるよ」

「ぼくはね、あそこで、〈敗れざる者たち〉って本で言いたかったのは、しようがないよなあ、ってことだったんだ。ほんとにしようがないよなあ、って。あんなにボロボロになるまでやらなくてもいいのに……でも、しようがないよなあ……それが、あなたたちの宿命なら……しようがないよなあ、ってことを書きたかっただけなんだ。ぼくはね、あなたに、やっぱり、歌いつづけるより仕方ないような、まあ、そういう言い方をすれば、宿命みたいのを感じてたんだ。だから……」

「でもさ、たとえ、そういう運命だったとしても、それを自分で変えちゃいけないことはないんでしょ？」

「そうだよね」

「そういうとこから、必死に跳び移ろうとしている人がいたら、沢木さんは、やめろと言う？」

「言わない」

「逆に、褒めてくれたっていいはずだよ。それを責めたりして……」

「違うよ。ほんとは感動してるのさ。あなたの潔《いさぎよ》さに感動してるんだよ。でも、ぼくはあなたの歌が好きだから、まだ歌っていてほしいんだろうな、きっと。だから、難癖をつけている」

「難癖だなんて、ちっとも思わないけど」

「あなたは、勇敢にも、どこかに跳び移ろうとしているわけだ」

「うん」

「どこへ跳ぶの？」

「女にとって、いちばん跳び移りやすい頂っていうのは、結婚なんだよね。それが最も成功率の高い跳び移りみたい。でも、あたしにはそれができそうにもないし……」

「どうして？」

「好きになる人は、もう、あたしくらいの齢になると、みんな、なにかしら障害を持っているもんだから、なかなか結婚はできそうにないんだ」

「じゃあ、どこに跳び移るの、結婚じゃないとしたら」

「笑わないでくれる？」

「もちろん」

「勉強しようと思うんだ、あたし」

「そいつは素敵だ」

「笑わない？」

「笑うはずないじゃない。そうか、勉強をしようと思っていたのか……」

「二十八にもなって、遅いかもしれないけれど、やってみようと思うんだ」

「遅くなんかないさ。ちっとも遅くなんかないよ」

「うん、そうだよね」

六杯目の火酒

1

「気がつかないうちに、五杯目もカラになっていましたね。ぼくはもちろんもう一杯もらうけど……どうします、あなたは」

「もらうよ」

「平気かな？」

「平気だよ」

「リミットの五杯は超えたけど」

「もう少し呑《の》みたい。呑もうよ」

「ぼくはいいけど……」

「大丈夫、大丈夫……呑みたいんだから」

「オーケー。それにしても、あなたがウォッカなら呑めるというのは、こうやって長く話してみて、なんだかわかるような気がしてきた。あなたにはウォッカがふさわしいみたいですね」

「そう？」

「何かそんなふうな気がしてきた。あなたには、一度、花酒《はなざけ》を呑ませてあげたいな」

「花酒？」

「そう、花酒。綺麗《きれい》な名前でしょ？　沖縄のずっとはずれの、もう台湾に近いあたりに与那国《よなぐに》という小さな島があってね、そこで作られる泡盛なんだ。透明で、ウォッカのような酒なんだけど、アルコールの度数が七十なんていうのがあるんだ」

「すごく強いお酒だね」

「口に含むと、カッと口から喉《のど》にかけて熱さが広がってね、とても気持がいいんだ。強いけど複雑さのない、まっすぐな酒なんだ」

「へえ……花酒か……呑んでみたいね」

「うん、あなたにこそ、呑ませてあげたいな」

「花酒……ね」

「ここらへんで、いままでとは少し違う話をしてみようと思うんだけど」

「いいよ」

「そうだなあ……それじゃあ、どんな話をするかなあ」

「どんなのでもいいよ」

「あなたは、夢を見る？」

「よく見る」

「どんな夢なんだろう」

「昨日は……空を飛んでる夢を見た」

「空飛ぶ夢を見るんですか、あなたは」

「よく見るんだ」

「よく見る？　空飛ぶ夢を？」

「うん」

「人間には二つタイプがあって、空を飛ぶ夢を見るタイプと水を泳ぐ夢を見るタイプがあるそうなんだ。それは人間が、鳥から進化してきた人間と、魚から進化してきた人間と、二つのタイプがあるからなんだって」

「ほんと？」

「嘘《うそ》」

「そうだろうと思った。だって、あたし、水を泳ぐ夢も見るもん」

「ほんと！　実際はどうなの、泳げるの」

「ちっとも泳げないんだ、これが」

「夢で泳ぐときは、どんな水着をつけて泳いでいるの」

「水着はないの」

「えっ？　水着、持ってないの？」

「そうじゃないの。裸で泳いでいるの」

「真っ裸で泳いでいる、っていうこと？」

「うん」

「全裸で？」

「そう。気持がいいんだ」

「なるほど、もしぼくが精神分析家だったら、その夢だけで、実に濃厚な夢判断をするだろうな。それで、その夢はどんなときに見るのかな」

「いろいろだなあ、それは。追いかけられているときもあるし……」

「夢で、追いかけられることが、結構、あるの？」

「うん、よく逃げてる。追いかけられて、追いかけられて、必死になって逃げるんだ」

「どこを逃げてるんだろう」

「それは旭川。旭川の山とか森とかを逃げているの。そういうときに、ふわっと空を飛ぶんだ。どんどん高く飛んで雲を突き抜けると、そこにはもうひとつの世界があって、そこに着くとなんともいえないくらい気持がいいんだ。爽《さわ》やかな気持になって、スーッとする」

「なるほど、ね。逃げてるときに泳ぐこともあるの？」

「うん、ある」

「河、それとも海？」

「河」

「どこの河？」

「旭川の近くを流れている河」

「海はないの？」

「そう……なくはないな。少ないけどあるな。裸で泳いでいて、とても気持よくて、向こうに島か陸があって、辿《たど》り着くと別の国なのね」

「ほんと？」

「嘘ついても仕方ないでしょ」

「しかし、あなたみたいな仕事をしている人としては、まるで絵に描《か》いたようにピッタリしすぎる夢なんで、まったく奇妙な感じがするくらいだなあ。よほどあなたはストレートな人なのかな。ストレートと言うか、単純と言うか……」

「それじゃ、まるで馬鹿《ばか》みたいじゃない」

「ハハハッ。あるいはね」

「お金を拾う夢もよく見るな……」

「面白いなあ、それも」

「そこいら中にお金が落ちていて、拾っても拾ってもある」

「どういうお金なの。百円玉、それとも一万円札？」

「五円とか十円とか、五百円札とか……一万円の札束なんていうのはない。みんな小さいお金だなあ」

「それが、拾っても拾っても、そこら辺に落ちているわけだ」

「うん」

「どうしてそんな夢を見るんだと思う、自分では」

「小さい頃、よくお金を拾ったからじゃないかな」

「そんなにしょっちゅうお金を拾ったの」

「…………」

「小さい頃、そんなに？」

「……拾いに行ったんだよ」

「拾いに行った？」

「縁日なんかあるでしょう。そうすると次の日の朝に拾いに行くの。そうすると、五円とか十円とかがよく落ちていたんだよ。玉砂利の陰なんかに隠れていたりしてね。それを下向いて探して歩いたの」

「そうか、そう言えばぼくにも覚えがあるな。縁日の翌日にお寺に行ってみると、紙《かみ》屑《くず》なんかが散らばっていて境内は寂し気なんだけど、時として硬貨が落ちているのを見つけたりして……」

「覚えがある？　そうなんだよね、よく落ちてたんだよね。うちにはお金がなかったから……お金がほしくて……拾いに行ったんだ。縁日だけじゃなくて、いつも落ちてないかな、と思って下を向いて歩いてたよ。そう、そうなんだよ」

「しかし、金を拾う夢なんて豪儀でいいじゃないですか。昔の占師だったら、その夢判断をすれば、仕事をすれば大成功するタイプとかなんとか言うのと違うかな。もしかしたら、引退したとたんに見なくなったりして……」

「もしかしたら、ね」

「夢の話の次は……そうだな……そう、劣等感。あなたにはコンプレックスがある？」

「それはあるよ」

「ある？」

「コンプレックスのかたまりだよ」

「ほんとに？」

「小さいときから、コンプレックスだらけだったよ」

「いま、こうしてあなたと会っていると、そういう感じは受けないんだけど、ね」

「そんなに卑屈なコンプレックスではなかったと思うけど」

「あなたみたいな人でも、やっぱり劣等感を持つんだね……」

「自分はコンプレックスのかたまりだって、小さいときから思いつづけていた。何なんだろう、これって」

「意外だね、それは。子供のときは、どんなことが原因だったんだろう」

「やっぱり、貧乏、かな」

「それは確かにつらいことだけど、そんなに強いコンプレックスの原因になる？」

「人って、やっぱりお金を持っていれば、いい服を着られるじゃない。いい服が着られるのは悪いことじゃないよね。だいいち気持がいいじゃない。汚ない洋服を着てたとき、やっぱり恥ずかしかったもんね」

「それは、そうなんだろうね。女の子だもんな。ぼくなんか、一着の洋服を五年着て暮らしても平気だけど」

「大きくなってからもあったなあ。とても強く覚えているのは、デビューする少し前のこと。いまでもよく覚えている。まだ、沢ノ井さんのとこに下宿していなかったんだ。その頃、沢ノ井さんに連れられて、渡辺プロダクションに行ったんだ。なんとかさんていう人に会うために、ね。この子が間もなくうちからデビューしますのでよろしく、とかなんとかいう挨拶《あいさつ》まわりだったんだ。その人が近くの喫茶店に連れて行ってくれて、そこで三人で少し話したんだけど……そのとき、ウェートレスが注文を取りにきたんだよ。何でもいいから、ってその人に言われて……あたし、とてもおなかが空《す》いてたの、そのとき。そのときっていうより、いつも、かな」

「駅前の立喰いそばが食べたくても食べられなかった、ってさっき言っていたものね」

「うん。おなか空いてたから、コーヒーとかジュースじゃなくて、食べ物を頼んじゃったんだよ。スパゲティーだったのかな。その人がなんでもいいと言うもんだから。いま考えれば、いくら何でもいいからといって、喫茶店で食べ物を注文することはないんだよね、しかも、初対面の人なんだから」

「でも、仕方ないよな、おなかが空いていたんだから」

「そうなんだ、食べられなかったんだ。そうしたらね、その人が席を立って、沢ノ井さんを出口の方に呼んでね、何か話してるの。あたしは、何がなんだかわからなかったけど、あとで沢ノ井さんから話を聞いて、ほんとショックを受けた」

「その食べ物のことで、何か言われたの？」

「その人はね、沢ノ井さんに言ったんだって。それはまず服装のことだったんだ。デビューをこれからしようという子なんだから、人と会うときくらい、もっとマシなのを着てこさせろ、って。よっぽどみすぼらしい恰好《かっこう》で行ったんだろうね、あたし。流しに行くようなままの、そんなの着てたんじゃないかなあ」

「そうか……」

「そのうえ、初対面なのに、喫茶店でスパゲティーなんか注文して、と沢ノ井さんに厭味《いやみ》を言ったんだって」

「くだらない野郎だね、そいつも」

「ショックだったなあ、それを聞いて。家に帰って泣いたもんね。汚ない服を着ることは、ちっとも苦じゃなかったの。でも、人から見ると、そう見えてしまう。もっとマシな服を着ろと思われてしまうんだ、ってことがショックだったの。貧乏だってことは……そこでスパゲティーを頼んじゃうってことなんだよね」

「でも、仕方がないよ、それは」

「うん、よくわかってたんだ、そのときも。でも、つらいことはつらかった」

「しかし、沢ノ井さんも沢ノ井さんだな。そんなこと、あなたに伝えなくてもいいのに。腹に収めておくべきことなのに、マネージャーなら」

「フフフッ。そういうとこ、あの人、とても抜けてるんだよね」

「なるほど、そういうところからくる、微妙なコンプレックスが、あなたにはあったわけなのか」

「そうだね。田舎者だし……都会に出てきて……やっぱり、オドオドしてたよ。つまらないことだけど、レストランに連れて行かれて、フォークとナイフを見ただけで、すくんじゃったよね。緊張しきって、間違えないだろうか、失敗しないだろうか……って」

「そうだ、そういうことはあるよな」

「自分では当り前の洋服を着て、当り前の行動をとっても、人から見ると、汚ない服を着て、恥ずかしい行動をとる、というふうに見られる。自分は一生懸命働いて、貧乏なんか当然と思っているのに、人はそう見ていてはくれないんだ、っていうことがショックだった」

「十六、七の女の子が、健気《けなげ》に流しなどをして頑張っているというのに、まったくなあ」

「デビューしてからも、それは長く続いたなあ。昔は、いまほど人としゃべらなかったの。声が出なくなるから貯《た》めてたということもあったけど、コンプレックスが強くて、自分を出せなかったんだろうね」

「ふてぶてしそうに見えていたけど」

「あれで、ずいぶんオドオドしてたんだよ」

「で、いま、少し自由にしゃべれるようになっているとすれば、そのコンプレックスがなくなっているからかな？」

「そんなことない。まだ、あるよ、しっかりと」

「ほんと？」

「いまでも、コンプレックス、たくさんある。あまり強く意識することは少なくなったけど、ああ、自分が、いま、こう反応しているのは、コンプレックスのせいだ、なんて感じることはあるんだ」

「それはなぜなんだろう。ただ、貧しかったから、というだけじゃないような気がするんだ。性格もあるのかな」

「そうだね、同じように育っても、お姉ちゃんには、そういうのってないからね」

「それって、どうしてなんだろう?」

「どうしてなんだろう……」

「何がそうさせたんだろう」

「……きっと、寂しかったんだね」

「何が?」

「芸人って、昔はさ、こう、なんて言うのか……人の世話になって生きていくみたいな……そういうのが……どうしてもあったんだよね。いまは、みんな偉そうに、ファンの人なんかに、やあ、諸君、聞きたまえ、なんて感じで歌っているけど……昔は、みんなに聞いてもらって、お花をもらって……いろんなとこで泊めてもらったり、世話になったりして……流しだってなんだって、芸をやって、それでいくらかのお金をもらって、生きていくわけじゃない。そういうことがあるんじゃないかな、あたしには。子供の頃からずっとそうじゃない。やっぱり恥ずかしかったんだろうね。近所で歌うのはいやだったから……恥ずかしかったんだろうね。人に世話になって生きているっていうのが……いやだなあ、恥ずかしいなあと、思ってたんだろうね。きっと、そういうこともあるのかもしれない」

「なるほどね。あなたは、ずいぶん小さいときから、芸人として生きてきたわけだからなあ」

「そうなんだよね。芸人って……やっぱり、恥ずかしいんだよね……」

「芸人って、恥ずかしいか……」

「そうか……あたしには……それが、いつもいつも、頭の片隅にあったのかもしれない。そうか……そうなのか……」

「芸人……の子、であり、芸人そのものだったんだからね……」

2

「あっ、こんなとこに、虫が……」

「どこ？　ああ、なんだ、ただのゴキブリの子供じゃない。テーブルを散歩してるだけだけど、気持悪いなら……手で払っちゃえば」

「いやだよ、恐《こわ》いよ」

「恐い？」

「虫って、恐いよ」

「ゴキブリみたいのは嫌いなの？」

「どんな虫でも恐い」

「ハチとか、蛾《が》とか？」

「ううん。ハエでも蚊でも恐い」

「ほんと？」

「蚊がいたら、叩《たた》いて殺すなんてできないから、逃げる」

「逃げる？　あなたが？」

「うん、あたしが蚊から逃げる」

「ハハハッ。それ、冗談？」

「ほんとだよ。トンボでも蟬《せみ》でも、蝶々《ちようちよう》だって恐い」

「蝶々が、恐いって？」

「うん、持てと言われても、気持悪くて持てないし、だいいち、恐いよ」

「へえ……ほんとに」

「鳥も恐い。鳩《はと》なんか、恐くて傍に寄れないよ。このあいだも、テレビの撮影で、鳩に餌《えさ》をあげているとこをやらされたんだけど、ほんとに恐かった」

「鳥も恐いのか……。小鳥も？」

「どんな小さくても、鳥は恐いよ」

「ふーん、奇妙な感じがするね。動物は、みんな恐いのかな。犬も？」

「うん。馬も恐くて傍に寄れない」

「どうしてだろう。ほんとに不思議だね。いや、案外、不思議でもなんでもないのかもしれないね。あなたには……どこか……いつも何かに怯《おび》えているようなところがあるもんな。何か持って生まれた怯えがあるんだな、あなたの中には。そんな気がする」

「…………」

「人に対してだって、微妙に怯えている部分があるもんね、あなたには」

「うん、そうかもしれない」

「デビューした頃のあなたは、さっきから何度もあなたが言っているように、無心で、しかもオドオドしていたんだろうな。それは……本当は……そんなに一致するはずのもんじゃないけど、それを共存させるものが、あなたの内部にはあったわけだ」

「そうなんだろうね。でも、ここ何年と無心じゃなくなって、いろいろ考えるようになっちゃった」

「いつから？」

「やっぱり、手術してから。すべて、そこに行っちゃうんだよね」

「無心じゃなくなって、オドオドもしなくなった？」

「いや、それはオドオドしてますよ。いまだって……いつだって」

「テレビであなたを見ていると、眼が落ちついていないように見えるんだ。あなたの眼って、いつもキョロキョロと小さく動いているんだよね、小さな動物が怯えているように」

「そう、自分でもどうして動いちゃうのかわからないけど、眼が細かく動くんだよ。いま、やってみてよと言われてもできないけど、無意識になっていると動いちゃうんだ」

「ほんとに、テレビであなたの眼を見ると、外界のすべてのものに怯えてるんじゃないか、なんて考えたくなっちゃうな」

「それほどでもないけど……」

「あなたは、もしかしたら、お母さん以外に、馴《な》れた人間がいないんじゃないんだろうか。あなたという小動物が馴れた人間は、ひとりもいないんじゃないのかなあ。ひとりの人間にも、一匹の動物にも馴れなかった……」

「どうだろう」

「あなたの干支《えと》は……」

「うさぎ」

「まったく、そんな感じだよ。あなたという、うさぎが馴れたのは、お母さんだけじゃないのかな……」

「ひとつ、いる」

「ひとつ？」

「一度だけ、猫を飼ったことがあるの。リリという名前をつけて、あたしが飼ってたんだ」

「それは、いつ頃？」

「神居にいた頃だから、小学校の五、六年生のときだと思う。捨て猫だったのかな、眼が開かない赤ちゃんからあたしが育てたんだ」

「そうか。あなたの馴れた、唯一《ゆいいつ》の例外は、赤ん坊の猫か……」

「とても可愛《かわい》かったんだ。三毛猫でね、夜になって寝ていると、枕元《まくらもと》でゴロゴロいってるの。眼を覚まして、布団《ふとん》を少しつまんで開けてやると、入ってきて一緒に寝るの。でも、布団を上げてやらないと絶対にもぐりこんできたりしないんだ」

「あなたは、猫と寝てたんだ」

「あたしにしか、なつかなかったの」

「どうして?」

「家の人がね、面白がって、逆さに吊《つ》るしたり、ぶん投げたりして、いじめたわけ。それがあんまり過ぎたもんだから、怯えちゃって、あたしの手からしか餌を食べなくなったんだ」

「怯えちゃったのか」

「みんながあんまりいじめるもんだから、昼間は縁の下に入って出てこなくなっちゃったの。あたしが学校から帰ってきて、ランドセルを置いて、縁の下に向かって名前を呼ぶと、おそるおそる出てきて、あたしの顔を見ると、ミャアミャア鳴いて、足にすりよってくるんだ」

「可愛かった?」

「うん。でも……可哀《かわい》そうだった」

「そんなに怯えてたんじゃ、ほんとに可哀そうだったね」

「少し大きくなりかけたとこで、死んじゃったんだ」

「なぜ？」

「ある日、帰ってきたら、縁の下にいないんだ。近くを一生懸命さがしたけど、とうとう見つからなくて……しばらくして、隣の家の縁の下で死んでいるのが見つかったの。どこかで、悪いものでも食べたらしいんだ」

「あなたも……その猫みたいに、怯えていたわけだ。あなたは……いったい、何に怯えていたんだろうか？」

「…………」

「何に、ということではないのかな」

「…………」

「別に、怯えていたわけじゃないのか……」

「…………」

「子供の頃、恐いものは何だった？　あなたにとって、恐怖の的みたいなものだったのは」

「…………」

「恐ろしいものは、何もなかった？」

「それはあったよ」

「何？」

「うん……」

「言葉で表現しにくいもの？」

「そうじゃないんだ。ただ……」

「ただ？」

「うん……」

「あっ、そうか。しゃべりにくいことなんだね。人にはあまりしゃべりたくないことなのか。そうか……。オーケー、それでは、話題を変えよう」

「いや、いいんだよ。変えなくたっていいよ。いいんだ。恐いもの、確かにあったよ、小さい頃。いまだって、恐いけど、別々に住んでいるから忘れることができるというだけのこと。恐かったんだ、とても恐かった。あたしは、お父さんが、ほんとに恐かった……」

「お父さんが？　実の父親でしょ？」

「うん」

「実の父親なら……恐いといったって、タカが知れてるんじゃない？」

「そんなんじゃないんだよ。そんなどころの恐さじゃないんだよ。カッとすると、何をするかわからない人なんだ。怯えてた。子供たちはみんな怯えてた。お母さんも、みんな怯えてた。しょっちゅう、しょっちゅう、殴られっぱなしだった……」

「どうして、そんな……妻や子に……」

「理由はないんだよ。殴ったり蹴《け》とばしたりするのは、向こうの気分しだいなんだ。気分が悪いと、有無を言わさず殴るわけ。こっちは小さいじゃない、何もできないで殴られているの」

「理由なく殴られる、なんていうことがあるのかい、ほんとうに」

「ほんとに理由がないんだよ。だって、たとえば、旭町の家は二階だったでしょ、お使いに行ってこいと言われて、階段を降りていくわけ。でも、その階段、暗くて狭いから、踏みはずして、二、三段すべり落ちたり、転がり落ちたりすることがあるんだよね。そうすると、二階からとんでくるわけ、お父さんが。とんできて、殴るの」

「殴る？　心配してとんでくるわけじゃないの？」

「痛くて動けないでいるところを、殴るんだよ。なんで落ちるんだ、って。こっちだって悪気があって落ちるわけじゃないんだし……でも、そんなことおかまいなしなんだ。部屋からわざわざ出てきて、ぶん殴るの、あたしたちを」

「ほんと……」

「理由がわからないの。なんで殴られているのか。でも、とにかく、頭を両手で抱えて、ゴメンナサイ、ゴメンナサイ、って謝まるんだ。それでも許してくれないわけ。お姉ちゃんなんか、あまりいつも殴られて、殴られ癖がついちゃって、鼻血が止まらなくて、洗面器に一杯たまったことがある」

「そいつは凄《すさ》まじい……」

「殴るだけじゃなくて……よく水をぶっかけるんだ。冬でもなんでも、子供たちに、水をぶっかけるの。バケツかなんかの水を、バッとかけるんだ」

「旭川の、冬に？」

「うん。逆らうと、どんどん荒れるから、泣きべそかきながら、部屋の畳の水を拭《ふ》いたりして、しずまるのをただ待つんだ」

「…………」

「物は投げるしね。金魚鉢だって、引っ繰り返しちゃうんだから。いまでも、畳の上で金魚がアップアップしてたの、覚えてるなあ」

「金魚が畳の上にいた、か」

「靴でも下駄《げた》でも投げちゃう。それを、あとで、あたしたちが拾い集めるわけ」

「一階には大家さんが住んでいたというけど、大家さんも大変だったろうね」

「大家さんは、ほんとに親切なおばさんで、あたしたちが苛《いじ》められるでしょ、そうすると、可哀そうだ可哀そうだって、泣いててくれたんだって。殴られたりするたびに、泣いててくれたんだって。あとで、お母さんに聞いたんだけど、ね」

「お母さんは、どうしてるの？」

「子供たちをかばうでしょ。そうすると、今度は、お母さんを苛めるんだ。眼が見えないお母さんを蹴とばしたりするの」

「どうして、どうしてそんなことをするの、お父さんは」

「理屈なんかないんだ」

「理解できないわけか、あなたには」

「あの人を理解するなんて、そんなことできないよ。できたら、こっちがおかしくなるよ」

「なぜそんなふうな人になっちゃったの？」

「さあ……」

「自分の境遇に不満があって、生活に苛立《いらだ》っていたのかなあ……」

「病気だったんじゃない」

「病気？」

「そういう病気だったんだよ、きっと」

「そうか……そうとでも思わなければ、子供にとっては理解できないことだったのかもしれないね」

「あたしは病気だと思ってた。兵隊に行って、いつも殴られてたって聞いていたから、だから……殴られすぎて病気になったと思ってた」

「血を分けた親子なのにね……」

「親子だったから、恐怖なんだよね。他人だったら、別れられるじゃない。でも血がつながっているから、怯えながらでも、一緒にいなくちゃならないじゃない」

「そうだね」

「ああ、いやだ。もう、いやだ、と思ってね。逃げたいなあ、なんでお母さんは逃げ出さないんだろうって、いつも思ってたよ。こんなに恐くてさ、いつまた恐い目にあうかわからないのに、どうしてだろう……」

「お母さんが逃げようと言ったら、一緒に逃げようと思ってた？」

「すぐ逃げたね。もう、すぐ。お母さんが我慢してたから、だからいたんだと思う。

あたしから見ても、歯がゆかった。あれで、お父さんにも、結構いいとこがあるのかな、なんて思ったりして……悩んじゃったよ」

「そうか」

「でも、お父さんはお父さんで、笑ってたときもあったんだよね。ほんと、お父さんが機嫌がいいと、ホッとしたよ」

「そうだろうな」

「あたしの友達がくると、ニコニコして、いいんだよね。いいお父さんね、なんて言われると、複雑な気がして、笑いも強《こわ》ばっちゃってね」

「そうか……」

「お母さん、一回だけ、あたしが生まれて間もなかった頃、あたしを抱いて逃げたことがあるんだって。どうしても我慢ができなくってね。でも、札幌から連れ戻されてしまったらしいの。これも、ずっとあとから聞いたんだけど」

「お母さん、大変だったんだね、とても」

「うん、苦労したと思うよ、ほんとに。お父さんて、何もしない人なんだよね。眼の前にあって、お母さんが遠くにいても、おい澄子、箸《はし》！　っていう人なんだよ。お母さんが眼が不自由だっていうのに。信じられないような人なんだ」

「…………」

「包丁を持って、お兄ちゃんを追いかけまわしたこともあるし……ほんとに殺されるんじゃないかと思った。だから、お母さん、信じられないらしいんだ。この世に、やさしい中年の人がいるなんていうことが……」

「あなたは？」

「あたしはそれほどでもないけど。でも、このあいだ、吉行《よしゆき》先生と会ったんだよね」

「淳之介《じゅんのすけ》さん？」

「そう。あるところで紹介されて……とても、やさしくて、深い感じの人で、素敵だったんだけど、齢《とし》を聞いて驚いたの」

「齢と比べて、若いから？」

「それもあるんだけど……お父さんと同じ齢だったの。まったく同じ齢」

「ほんと？」

「うん、ほんと。ああ、と思ったんだ、あたし。同じ齢の人なのに、こんなに違うんだなあ、と思って……物悲しくなった」

「お父さんは、吉行さんと同じ齢なのか」

「きっと、お父さんがいなかったら、あたし、こんなに頑張らなかったと思う」

「やっぱり、頑張る部分があったんだね？」

「うん、やっぱり、あった。この世の中に対して、ね。あのお父さんがいなかったら……」

「歌手になっていなかった？」

「もしかしたら、ね」

「そうか」

「そうなんだ」

「そうか……だから、お母さんとお父さんは離婚したのか」

「あたしが離婚させたの。あたしがお母さんをお父さんと別れさせてあげたの。あげたかったの。さっき、週刊誌のタイトルで、あったじゃない。一家崩壊とかなんとか。あたしが歌手になったから一家がバラバラになったって。そうじゃないんだよ。あたしが歌手になったから、やっと別れられたんだよ、お母さんが。お金が少しできたから、それで別れてもらえたんだよ、やっと」

「お金を渡して？　お父さんに？　なんか、普通とは逆だな」

「あたしを、お金のなる木と思っているから、お金を渡さなければ、とっても別れてくれなかったの。あたしは、お母さんを見ていかなければいけないでしょ。だから、あたしはお母さんと一緒に暮すと言うと、あたしを、お母さんに盗《と》られるって……そういう調子だから。現金を何百万か渡して、あたしが持っているアパートの家賃を一生送りつづけるからっていう証文を書いて、別れてもらったの」

「そうか……そのときなんだね、お父さんがテレビに出て、いろんなことをぶちまけたり、雑誌にしゃべったりしたのは」

「あたしのことはどんなふうに言っても……やっぱり、どんなことがあっても、お父さんはお父さんなんだからいいけど……お母さんの悪口を言われるのがつらいんだよね。あることないこと、ほとんどは嘘《うそ》ばかりしゃべるわけ。マスコミは面白がって、それを取り上げるし……」

「ひどいことしゃべってたな。もしも、その週刊誌が聞いた通りのことを書いていれば、のことだけど。あなたの離婚の原因をあなたの肉体的な部分に求めたり、お母さんを罵《のの》ったり、沢ノ井さんに別れさせられたと怨《うら》んだり、ムチャクチャなこと言ってたね」

「そうなんだ」

「でも、よかったじゃないか。とにかく、そんなお父さんと別れられたんだから」

「でも、やっぱり、あたしのお父さんなんだよね。お母さんは他人になっても、やっぱりあたしは子供だからね。一緒に住むのはいやだけど、面倒は見ていかなくちゃいけないと思ってるんだ」

「それは、そうかもしれないけど……」

「別れて、いまは花巻に住んでいるんだけど、電話や手紙が来るんだよね。家の井戸を掘るから十万送れとか、バイクを買うから五万とか、子供が学校に入るから十万とか」

「子供？」

「女の人と暮してるんだよ。その人の子供が学校に入るからって」

「あなたに金の無心をするのか。で、どうするの？」

「送るよ、しようがないから」

「そんな！」

「だって、送らなければ何をするかわからない人なんだよ。お金になれば、テレビだって雑誌だって、どんなことだってしゃべっちゃうんだから。二、三日前も手紙がきたの。いろいろ書いてあったけど……二ヵ月くらい前、お父さんが病気で入院しているというんで、仕事のついでに見舞いに寄ったの」

「どこか悪いの？」

「ううん、どこも悪くないの。どの医者に見てもらっても、こんな丈夫な内臓はないって言われるらしいんだけど、悪い悪いといって入院するわけ。いつでも四つか五つの薬を持って歩いて……それが趣味なんだよね」

「それでも見舞いに行ったの？」

「もしかしたら、ほんとに悪いといけないと思って。そのとき、うっかりしてお金を持っていくのを忘れて、財布に五万しか入れていかなかったんだ。それを渡そうと思ったんだけど……前にね、お父さんと会って、おこづかいに使ってと渡したら、あとで週刊誌に十万しかくれなかったってしゃべられて、悲しい思いをしたから、今度は渡さなかったんだ。あとで何を言われるかわからないから。家に帰ってから送ろうと思って。そうしたら、今度の手紙には、こう書いてあるの。病院の人が、あの藤圭子が見舞いにきたんだから、こづかいの百万も置いていっただろうと言うから、一銭も置いていかなかったと答えた……」

「つらいなあ、それは……」

「うん、ちょっとね」

「だとすると、今度のあなたの引退については荒れてるだろうなあ……」

「そうでもないんだ。お父さんは気楽なもんでね、一、二年やめて、それから自分ひとりで仕事をやれば、もっと儲《もう》かるから、それもいいだろう、って」

「なるほど、なるほどね。そうか……」

「お母さんはね、一生でいまがいちばん幸せっていうんだ。お父さんに気兼ねしたり、怯えたりしないですむし、あたしとお手伝いさんの三人で、ほんとに幸せだって。こんなに幸せなときはなかった、って」

「あなたも、幸せ？」

「うん。お母さんが喜んでくれるのが、いちばん嬉《うれ》しいんだ、あたし」

「苦労しただろうからね」

「そうなんだ。お母さん、あたしが生まれるときくらいまでは、うっすらと眼が見えていたんだって。ぼんやりと、ね。だから、あたしにオッパイを飲ませるために胸に抱いていた、その赤ん坊のあたしの横顔と、そのときのねんねこの柄だけは、よく覚えているんだって。そのときの純ちゃんは、ほんとに可愛かったよって、いつも言うんだ……」

「赤ん坊のときのあなたの横顔と、ねんねこの柄、か……。もう、それから、あなたの顔は見えなくなったんだね」

「うん、そうらしい。でも、うちのお母さん、勘がよくてね。眼は見えなくても、耳とかでわかるのね。人と話してても、ふつうの眼の見える人と同じような感じで話すことができるし、たとえばよその人が家に来て、壁にかけている写真を見ていたりすると、その人の声の出てくる角度とかそういうのでわかるらしくて、ああその写真は……なんて言ったりするんで、みんなビックリするらしいよ。中には、お母さんの眼が見えないなんて嘘でしょ、誰にも言わないからぼくにだけ教えて、なんていう人がいたりして」

「なるほどね」

「お母さんはね、あたしの歌が大好きなの。昔、あたしの歌を聞くと、背筋のあたりがゾクッとしたんだって。手術してからは、あまりゾクッとしないようなんだけど……。でも、お母さんのいちばんの楽しみは、あたしの歌を聞くことらしいんだ。いまでも、ね。あたしのいちばんのファンはお母さんなの。だから、お母さん、舞台やなんかによく聞きにくるんだ。朝、行ってきます、って仕事に出るでしょ。行ってらっしゃい、って送り出されて、会場に行くと、お手伝いさんと一緒に、チョコンと座席に坐《すわ》っていたりして。でも、あれはどうしてだろう、お母さんの姿が見えると、ジーンとして、歌いながら胸が熱くなっちゃうんだよ」

「そうか……」

「会場にね、体の不自由な人が客席にいるのが見えたりすると、やっぱり熱くなるの。同情なんて、相手に失礼だから、そんなの見せないようにするけど。この五月、日劇で十周年のショーをやったとき、眼の不自由な人が誰かに手を引かれて、花束を渡しにきてくれたんだ。舞台から手を差し出してもらったんだけど、もうその次が歌えなくなって、ほんとに困った。同情されるのはいやだろうから、懸命に歌おうとしたけど、胸がつまって……駄目だった」

七杯目の火酒

1

「どうしよう」

「えっ?」

「もう一杯もらったりすると、あなたは危険水域に突入しちゃうかな」

「ああ、お酒?」

「うん」

「ぜんぜん平気だから、もう一杯もらいたいな」

「そうしようか」

「なんだか、とてもいい気分」

「こっちも、同じような気分になってきたんだけど、職務に忠実にならないといけないので、インタヴューを続けます」

「インタヴューなんて、もうどうでもいいのに……」

「えーと、あなたの年収がいくらあるんだか、四千万なのか五千万なのか、よくは知らないけど……年収だけじゃなくて、すごく大きな金を動かしているんですよね、あなた……というか、あなたたちは」

「うん」

「営業、とはよく言ったけど、あなたが十日も歌えば、すぐ千万の単位は突破しちゃうわけじゃないですか。あなたがひとり歌うだけで事務所の人が何人喰えることになるんだろう。五人？　それとも十人？」

「最低でも十人くらいは、ね」

「年商にすれば数億の売り上げがあるわけだからね。すごいなあ、まったく」

「うん……」

「あなた個人としては、どのくらいの金を使ってるの？」

「どのくらい、って？」

「一日でも一ヵ月でもいいから、あなたが使う額」

「そうだなあ……あればあるだけ使っちゃうから……お母さんから必要なときだけ受け取るようにしているけど……昔は百万くらい使ってた、一ヵ月に」

「そいつは豪儀だ」

「みんなと遊んでいても、相手に払わせるのは悪いから、あたしが払うようにしていたし」

「相手が男でも?」

「うん。みんな、年収はあたしより少ないだろうから、悪いじゃない、払わせちゃったら」

「そういうもんでもないような気がするけど。で、いまは?」

「少なくなった」

「これからにそなえて倹約してるわけ?」

「そういうわけじゃないけど……前の三分の一か四分の一くらい……」

「それはいい傾向じゃないですか。それで足りるようになった?」

「うん。あたしはね、財布に一万円あれば一万円使うし、百円しかなければ百円でいいの」

「あっ、それは、ぼくと同じだ」

「だからね、あたしは、お金がなければないでどうにでもやっていけるし、いまから倹約なんかしてるつもりはないんだけど……なんか、使う気がしなくなっちゃった」

「お金なんて、あるときに使えばいいし、なければないでいいしね」

「そうだね。あたしもそう思う」

「金なんていらないさ」

「うーん。いらないとまでは思わないけどな……」

「いらないよ、金なんて」

「なければないでいいけど、あればあるにこしたことはないよ」

「金なんか、体が健康ならどうにでもなるさ」

「そうでもないよ。みんな、必要なときになくて困っているじゃない」

「いや、金なんかいらないのさ。金はあるにこしたことはないなんていうけど、ぼくはそうじゃないと思う。金はないにこしたことはない」

「そんなことないよ」

「金がなければ、そしてどうしても必要だったら、人に借りればいい。金があれば、人に回してあげればいい。金なんて、それだけのものさ」

「世の中って、そんな簡単なものじゃないと思うよ、あたしは」

「ぼくにとっては、そんなふうに簡単だった」

「それは恵まれていたからだよ。きっと沢木さんが恵まれすぎていたんだよ。金の貸し借りなんて、そんなにうまくいくもんじゃないよ」

「もちろんさ。借りたら必ず返す、でも貸したらそれはあげたものと思う。そうでなければ、うまくなんかいかないよね。もちろん、あなたの言うとおり、そんなにうまくはいかない。でも、ぼくにとっては、金なんて……」

「あたしはね、もう絶対、人にお金を貸すのはいやなんだ。借りる気もないけど、貸す気もないんだ」

「そうか、いやか……あっ、そう言っても、別にあなたから金を借りようとしているなんて、思わないでくださいね」

「フフフッ、そんなこと思うわけないじゃない。でもね、あたし、いやなんだ。いままで、ほんとに何十人の人に貸してあげたかわからないんだ。全部を合計すれば一千万を超すと思う」

「一千万！」

「それ以上になると思う。三十万という人もいれば、三百万という人もいたからね。うちは女所帯で男がいないから、頼みに来やすいのかもしれないんだ。相手の人が可《か》哀《わい》そうだからって、何人も何人も貸してあげていたけど……返しに来たのは、たったひとりだよ」

「ひとりだけ？」

「そう、十五万円くらい貸してあげた人かな。それ以外は誰も返しに来ない。十万くらい借りて、一度返して、次に五十万借りていった人がいたけど、それっきり。そういう人ばっかしだよ、世の中の人なんて」

「返してもらえばいいじゃないですか……その、三百万も貸した人なんかには」

「うん、一度だけ、請求したことがあるんだよ。そうしたら、開き直られたの。うちには払える金なんてないんですから一銭も払えません、訴えるんなら裁判所にでもどこにでも出ますから、勝手にやってください、ってさ」

「あなたの仕事の性格から……人気稼業《かぎょう》だから、訴えっこないとタカをくっているわけだ」

「そうなの。一度そう言われていやになっちゃったんだ。信用して貸した人にそんなふうに言われるのはいやだからね」

「そんな人を信用するから……」

「そうなんだ。その人がいけないんじゃないんだよ。あたしたちがいけないんだ。だからね、いまでは、もう借りにこられても、貸さないことにしてるの。そうやって、人と人の関係が変になって、壊れるのはいやだからって。でも、そう言って断った人の方が、むしろ永く続いているね、やっぱり」

「しかし……」

「沢木さんは、甘いんだと思う。幸せな人生を送ってきたから、そんなことを言うんだよ。世の中の人は、もっといやらしくて、汚ないよ。借りる人だって、そんな切羽詰った人なんて、いやしないんだ。いまの世の中で、明日のお米代に困るなんて家は、もうあまりないんだから。借りるときは悲愴《ひそう》な顔つきをして来るけど、返すときになると惜しくなるんだ。自分たちは、結構、小さな贅沢《ぜいたく》をしているくせに、ね。無理はないのかな。返すときになると、タダで持っていかれるような気がするんだろうからね。返せと言われると、まるで泥棒に金を出せと言われているような気がするんだ、きっと」

「そうかもしれないけど……」

「あたしだったら、借りたら、その日から気になって仕方ないと思うんだ。だから借りない。借りないかわりに、貸しもしない。それでいいでしょ?」

「悪くはないけどね。あなたの周囲にいた人は、金を借りたというより、タカリに成功したと思ってるんじゃないかな。だから返そうとしないんだよ。あなたの周辺がまっとうな社会じゃなかった、というか、極端な社会だった。それだけのことではないのかな。それだけで世間一般を決めつけるのはよくないよ。ぼくは借金しても返したし、貸した金は返してもらったしね。ただし、額はそんなにでかくなかったけど」

「そっちの方が変ってるんだよ」

「そうじゃないと思うよ」

「そうかなあ……」

「そうさ。もちろん、借りないし貸さないっていうのは正しいと思う。でも、どうせ人なんて、とかいうふうに人間を簡単にくくってほしくないような気がするんだ。あなたの属していた世界が、異常だったというだけのことかもしれないじゃないか」

「そうかもしれない。でも、金はないにこしたことはないっていうのは、間違っていると思うよ、あたしは。それこそ、極端すぎるよ」

「そう……少し、そういうとこはあるかな。しかし、ぼくの理想は、あまり金がないけど、稼ごうと思えばいくらかは稼げるし、急に必要なときは友人に借りられる、という状態なんだ。そのためには、金のかからない、つましい生活をいつでもしてなければならないんだけどね。その状態っていうのは、金なんかなければないほどいいんだ。五体満足で健康でありさえすれば、ね。貸し借りといったって、ほんの一、二万でいいような……そんな規模の生活をしていれば、それはそんなにむずかしいことじゃないと思うんだ」

「ふーん。それは、そうだね。ほんとに、そんな生活ができたら、ね」

「できるさ。少なくとも、ぼくはしてきたけどな、いままで」

「へえ……すごいなあ」

「すごくもなんともないよ。昔、みんな貧乏で、うちも例外じゃなかったけど、結構、やろうと思えば、楽しく生きられたからさ。要するに、ぼくは、金を沢山持って楽しく生きる方法を知らないだけなんだよ。だから、いつも、ほどほどの収入で生きられるくらいの仕事しかしないんだ」

「いいなあ、そういうの」

2

「そういえば、いつだったっけ、あれ、ほら、詐欺《さぎ》の犯人と芸能界の連中とが付き合いがあったとかなかったとか問題になったとき、週刊誌にあなたの名前が挙がっていたような気がするんだけど、あれはどういうことだったの？」

「うん、あれか……あれはね……そう……その人はね、カルーセル麻紀さんの知り合いだったんだよね。ある晩、麻紀さんの家で麻雀《マージャン》をやってたの、千点二百円くらいの安い麻雀を。そのとき、その人から麻紀さんのところに電話がかかってきたわけ。遊びに来いと言ってるらしいの。麻雀してると言ったら、そんなのうちでやればいい、さみしいからみんなで来ないかって。麻紀さんが十年来のお客さんで決して変な人じゃないから行ってくれないか、と言うわけ。別にどこでやっても麻雀にはかわりないんだからというんで、みんなでその人の家に行ったんだ。それが知り合ったきっかけなの」

「どんな人だったの」

「ドッキ漫才で庄司ナントカというコンビの人がいたでしょ、そのひとりの男の人をもっと不細工にしたような、ボヤッとした人だった」

「それが詐欺師だったわけか」

「そうなの。でも、麻紀さんが変な人じゃないと言うし、大阪のビル会社かなんかの息子だということで……確かにうすぼんやりした人なもんだから、金持ちのボンボンだとばっかり思ってた」

「銀座で凄《すさ》まじい金を使ってたんだって？」

「そうなの。それはすごい金のばらまき方なんだ。今日は金を少し持ってきたからなんて言って、財布に三百万くらい入れて銀座に出てくるわけ。ところが帰るときには三万しかないの」

「ほんと?」

「ほんとなの。あたしが一回、実際に見てるんだから、ほんと。それを連日、三ヵ月くらいにわたってやり続けたんだ」

「それじゃあ、何億かになるね、使った金は」

「そう、あの人は何億か銀座に落としているはずだよ」

「一緒に呑《の》んだの」

「うん、何度か呑んだ」

「どうして、そんな風采《ふうさい》のあがらない男と呑んでいたの? まさか金じゃないだろうし……」

「とんでもない、あたしがそんな女に見える? 失礼しちゃうなあ。お金ならいくらだって自由になるわ。……そうじゃなくて、可哀そうだったの」

「その人が?」

「うん、とても可哀そうだった。呑むの付き合ってくれませんかって頼まれたときも可哀そうだったけど、銀座で呑んでいる姿を見たら……もっと可哀そうになっちゃった」

「札ビラ切って、大尽遊びをしてるんでしょ？」

「そう、銀座の一流のクラブに行ってワッとやると、いろんなのが群らがり寄ってきて、その人からお金をふんだくっていくっていう感じなの。しかも、風采のあがらない人だからみんなが馬鹿《ばか》にしてるの。そのことが横で呑んでいるとよくわかるの。口先ばかりで調子のいいことを言って、軽蔑《けいべつ》してるの。三十分いて、勘定を三十万なんて、平気で取るんだよね。そんな店を六、七軒はしごして、店から店までのタクシーに一万円札をあげるんだよ」

「馬鹿な」

「千円札を持たない人なんだよ。だから、あたしとか麻紀さんが一緒のときはオツリをしっかと取って、ポケットに入れてあげたりしてね。でも、いま考えれば、そんなことあの人にとってはどうでもよかったんだろうね」

「………」

「さみしい人なんだろうな、といつも思ってた。呑んでいると、ふっと財布から写真を出してあたしに見せるんだよね。可愛《かわい》いだろって。子供が奥さんに抱かれて写っているんだ。可愛いだろって……」

「少しは変だと思わなかったの？」

「うん、思わなかった。すごくぼんやりしてそうだったんで、まさか詐欺ができるような人に見えなかったし、それに物のよしあしがすごくわかっていた人なの」

「物？」

「男物の服でも持物でも、女物のバッグや靴でも、グッチとかディオールとか誰でも知っているようなブランド品じゃなくて、本当の金持しか身につけないようなものについてよく知っていたんだ。そして、その人もそういうものしか選ばなかった。ああ、やっぱり金のある家に育ったからかな、なんて思えて……」

「本当はその逆なんだけどね」

「そうかもしれない」

「そんなにボンボン然としていたの」

「でもね、みんなには馬鹿にされていたけど、二度くらいこの人は頭がいいんじゃないんだろうか、馬鹿なふりをしているだけなんじゃないのだろうかって、一瞬、思ったことがあった」

「どういうふうに？」

「どうしてだったんだろう。そう思ったことだけしか覚えていないんだ」

「あなたは一緒に呑んだだけ？」

「もちろん。一緒に呑むと、ベロンベロンになって、わけがわからなくなるらしくって、あたしにも五万とか十万とかくれようとするの。ホステスさんと間違えるらしくって。だから怒ったことがあるの、そんなハシタ金をもらうために一緒に呑んでいるんじゃないんだよ、そんなつもりならもう呑むのはやめにしよう。そうしたらゴメンナサイと言うけど、また次は同じことを繰り返すんだ。銀座から六本木に来れば、店の弾き語りに何万かやり、取り巻きのタレントさんに金品をばらまき……」

「麻紀さんやあなた以外にも知り合いのタレントがいたのか……」

「タレント好きの人だったんだろうね。麻紀さんを通したりして、いろんな人と知り合っていたみたい。いろんな人がいろんなものをもらってたみたい。何百万円もするような時計をしていたけど、つかまる直前には二万円くらいのセイコーしか持っていなくて、それすらもどっかのタレントにせびられて、何もはめていなかったらしい、捕まったときは。ひどい奴《やつ》がいるよって、麻紀さんが怒ってた」

「あなたは、なんとなくその人に同情的だったわけだ」

「アル中なんだよね、朝から呑むんだけど、呑む前は手が震えてるんだ。恐《こわ》かったんだろうな。その恐さを紛らわすために、あんなに呑んで金を使っていたんだと思う。

いつだったか、麻紀さんたちと麻雀をやっているところにその人がいて、見ていたんだ。そうしたら、その人が、そんな友達同士で金をとったりとられたりなんてやめなさい、というわけ。どのくらいのお金をやりとりしてるのというから、二、三万かな、と言うと、じゃあこの十万をみんなで分ければ取り合いをしなくてもすむわけだ、といってテーブルにお金を置くの。そういうことのために麻雀をやってるんじゃないんだって言って続けたけど、急に阿呆《あほ》らしくなってみんなシラケてやめたことがある」

「ハハハッ、そいつはいいや」

「だけど、みんなあの人から、金をむしり取っていたなあ。あたしも一度だけ、プレゼントだと言われてブラウスを買ってもらったからえらそうなことは言えないけど……」

「そのくらいなら、人と人との付合いの中じゃよくあることさ。気にするほどのことはない。しかし、その人はいったいどんな詐欺をしていたの?」

「よく知らないんだけど、一種のネズミ講らしいよ。人から十何億かの金を集めて、そして関西から東京に逃げてきていたらしいんだ。でも、いい人だった。詐欺をされた人には悪いけど、あたしは憎めない。捕まる三日前に、どうしても会いたいって電話してきたの。まさかそのときは詐欺師だなんて知らなかったけど、とても必死そうだったんでどうにか時間を作って会ったの。そうしたら、近くパリへ行くと言うわけ。日本にいると大変だし、少し疲れたので外国にいって少し遊んでくるって。そう、それもいいね。そうしたら馬鹿なお金の無駄づかいをしなくてもすむと思ったから、それもいいねといったんだ。そうしたら、その三日後に麻紀さんから電話が掛かってきて、大変だ、あの人が指名手配されてる、ごめんなさい変な人を紹介して……」

「そいつは驚いたろう」

「驚いたよ。でも、もっと驚いたのは、その人が捕まって、その直後に週刊誌や何かに出た、銀座のママやホステスさんのコメントよ。どうも変だと思ってた……悪いことをしているんじゃないかとうすうす感じてた……あの客はむしろ店には迷惑な客だった……馬鹿だ阿呆だと言うわけ。それには腹が立ったなあ。あの人がどれほど金を使ったか、あの人からどれほどむしり取ったか、それをほっかぶりして、ひどいことばかり言うんだから」

「しかし、その人は、どうして、まだ手元に何億かあるうちに、外国に高飛びしなかったんだろう」

「ほんとだね、それで一生、生きていけないことはなかったのに……三ヵ月で使い果してしまったんだからね、まったく」

「狂ったように使ってみたかったのかな」

「どうなのかなあ」

「でも、使ってても、虚《むな》しかったろうな」

「うん、とても虚しかったと思う。誰にも愛されないで、ただ金だけのために、人に寄って来られたんだからね」

「しかし、彼もそのことはわかっていたんだろうね。どうでもよかったんだよ。タクシーの運ちゃんに一万円やろうが千円やろうが同じだったんだよ。同じように無意味なことだったんだろうな」

「そうかもしれないね。そういうことだったのかな。悲しいね。奥さんにも見離されて、子供の写真を胸に入れて……詐欺して……」

「それはいつのことだったの？」

「去年の四月」

「一年半前？」

「どうしてそんなにはっきり覚えているかと申しますと、そのときちょうど、三年間一緒だった人と別れたんだよね。別れたというより離れたんだ、必要があって……だから……」

3

「三年間一緒だったというと……暮していたわけ?」

「別々のときもあったけど、あとからは一緒に暮してた」

「どこで?」

「あたしの……」

「マンションで? お母さんも一緒に?」

「うん、そう」

「へえ。その彼は、何をする人だったの?」

「歌を歌う人だったんだ。無名だったけど、とてもうまい人でね。グループを組んでボーカルをしたりしてたの」

「どういうキッカケで知り合ったの?」

「その人が歌っている店に行ったのかな……」

「それで、すぐ好きになったわけなのか」

「どうなんだろう……。きっと、そうなんだろうね。あたしって、好きな人ができたら、一直線にそっちに向かっちゃう人間なんだよね。好きな人の傍にいれば、それでいいわけ」

「でも、その感じと、さっきの前川さんとの対応の仕方は、かなり違うような気がするけど」

「うん、そうなんだ。前川さんのときは、大事にされて、与えられて、それが当然と思っていたとこが少しあったんだ。でも、やっぱり、こっちから与えなければっていう感じになったの。あたしは、好きになって、愛さなければ駄目なんだっていうことがよくわかってきたんだ。よく言い合うじゃない、女の子同士で。愛した方がいいか、愛された方がいいか、なんて。相思相愛の場合は問題ないけど、どちらか片一方の場合、どっちがいいかって。あたしは、自分が愛せなければ苦痛なんだよね。それがよくわかってきたんだ。もちろん、相手からだって愛してほしいよ、それは、絶対に」

「それで、あなたは、その彼に……惚《ほ》れたわけだ」

「一緒にいることが楽しかったんだよね。いつでも、どこにも、一緒に行って、一緒に遊んでた。それが嬉《うれ》しかったんだ、とても」

「その始まりはいつ頃？」

「五年前……くらいかなあ」

「というと、あなたが二十三のときか。遊びたい盛りということになるかな」

「そうだね」

「五年前と言えば、パリでぼくがあなたを見かけた頃だよね。そのときはすでに知り合ってたの？」

「まさか。そうだったら、一緒に行きますよ」

「大胆な発言ですねえ。週刊誌の恰好《かっこう》のネタになる」

「それはそうですよ。好きな人がいれば、どんなときだって一緒にいたいし、その人にも、人目なんか気にしないで、楽しそうに話していてほしいし……そうじゃないのかなあ、ほかの人も」

「ということは、パリから帰ってから始まったわけなんだね？」

「そうだね、そういうことになるね」

「毎晩、一緒に遊びまわっていたわけか」

「うん。呑みに行ったり、映画を見たり……それに、あたしは、仕事があるから」

「彼、仕事は？」

「あまり、やってなかったんだ」

「そうか、それであなたのマンションで暮すことになったのか。あなたは、彼が仕事をやっていなくてもよかったの？」

「それは仕方ないと思ってた。世の中に認められないっていうことはよくあることだから。あたしは、とても歌がうまいと思ってたの。あたしより、四歳かな年下なんだけど……」

「ほんと」

「うん、でも、とてもいい声をしていて……いつか、きっと、世の中に出られるんじゃないかと信じてた。出る出ないはどうでもいいんだけど、このまま埋もれはしないと思ってたんだ。しかし、そう思ってたのは、あたしのひいき目だったのかもしれないんだけどね。そのときは、絶対にそうじゃない、客観的に見て才能があるんだ、と思ってた。でも、そうとばかりは言えないのかな。人の歌を歌っていても、はまるとうまいけど、そうじゃないとどうしてこんなにと思うほどへただった。それを頭のどこかで感じてたからね」

「でも、ひとり、誰かが自分の才能を信じてくれているということはとても心強いことなんだよね。彼にとっては、ありがたいことだったろうな」

「そうなのかな」

「そうだと思うよ、ぼくは。とにかく、同棲《どうせい》してあなたは幸せだったんでしょ？」

「うん……」

「そうでもなかったの？」

「お母さんと、うまくいかなかったの」

「そうか」

「お母さん、嫌いだったの」

「しかし奇妙なもんだな。結婚ならわかるけど、同棲にお母さんのいるところで暮すなんて……」

「でも、あたしは、お母さんと別に暮らせないし……」

「お母さんにしてみれば、気に入らないのは当然だと思う。その彼は、ろくに仕事もしていないのに娘に絡《から》みついて、いわば転がり込んできた男なんだからね。でも、それは当然なんだからあまり気にすることもなかったのに……」

「でもね、お母さんばかりじゃなくて、長くいてくれているお手伝いさんも嫌いだって言うの」

「どうしてだろう？」

「うん……」

「理由はなく？」

「あの人は、純ちゃんが家にいるときと、仕事でいなくなっているときの態度が、まるで違う人だよ、って言うんだ」

「なるほど」

「あの人はコロッと変わる人だよ、いまはいいけど、もし自分が成功でもすれば、人が変わったようになるよ……」

「お母さんには、そう感じられたんだ」

「お手伝いさんも、同じようなことを言うんだ」

「そうか……」

「でも、それでも、あたしは構わなかったの。そのときがとても楽しかったから。一緒にいてくれたから」

「あなたが仕事から解放されると、いつも彼がいてくれたわけだ」

「そう」

「遊びに行っては、あなたが金を払い……」

「そんなことしないよ、そんな面子《メンツ》をつぶすようなことしっこないじゃない」

「だって、彼には稼ぎがなかったんでしょ？」

「うん、だから前もってお金を渡して、それで連れて行ってもらったの」

「そうか、なるほど。男にとってはありがたい女性ですねえ、あなたっていう人は」

「そんなことないよ。ただ、そうしたかっただけ」

「そんなにうまくいってたのに、どうして別れてしまったの？」

「お母さんだけじゃなくて、周りの人からもいろいろ言われたんだよね。あんなのと一緒にいたら駄目だとか、あいつはヒモ気取りだからとか。でも、いいって思ってたわけ、あたしはいいんだって。ところがね、三年目に、デビューすることになったの。グループを組んで、彼はボーカルで。それで合宿を組むとかいって、名古屋に仲間と行ったんだ、一ヵ月くらい」

「ああ、そうか。そのとき、例の詐欺男と知り合ったんだ」

「そうなの。初めて別れ別れになったから、寂しかったのね。それまでは、ほかの男の人と呑むなんていう時間がなかったわけなんだ、いつもその人と一緒だったから。でも、その合宿から東京に帰ってきても、うちに戻らなかったの。デビューするからと言うんで、プロダクションがアパートを借りてくれていたから、そっちで生活すると言うんで。彼も急に忙しくなってきたんだよね。デビューしたばかりのときって、誰でもキャンペーンとか、挨拶《あいさつ》まわりとかで忙しくなるもんなんだけど……電話しても、ぶっきら棒で、何か感じが変わっちゃったの。お前の相手なんかしていられない、っていう調子の言い方になってきて……一度、喧嘩《けんか》しちゃったんだ。お互いに、さようなら、って感じになって。でも、その翌日、電話したの、ごめんなさい、って」

「あなたが？」

「うん、あたしが。昨日はごめんなさいって。いままでだったら、それで仲直りができたんだけど、そのときは、なんでいまさら電話なんか掛けてきたの、別れようということだったろ、って言われて……終っちゃったわけ。いままでだったら、向こうからごめんといってきて、仲直りしてたんだけど……ほんとに、変わっちゃったんだ」

「何が彼を変えてしまったんだろう？」

「わからない。そういう人だったのかな、お母さんの言ったとおり。でも……」

「でも……そうだとすると、ちょっと悲しいね」

「うん」

「結局、彼のグループは売れたの？」

「うまくいかなくて、解散した。そんなことがあって、もう一度、戻りたそうだったけど……うまくいかなくて」

「彼が？」

「うん」

「そいつは情ないな。それまでのことは、男と女のことで、ありうることで、どっちが悪いってことはないと思うけど。そいつはだらしないなあ、いやだね、ぼくは」

「あたしも、やっぱりやさしくなれなくて……別れた」

「別れたのか……」

「うん、別れた」

「そうか……」

「でも、ふっと、いまでも気になるんだよね。どうしてるのかな、うまくやってればいいんだけど、幸せなら嬉しいんだけど、って」

「そう感じる？」

「うん」

「それは、ずいぶん男性的な感性だね。別れた女が気になる……男の思い方と同じような気がする、あなたの感じ方は」

「そうなのかな。幸せならありがたいな、あたしも楽になるな、そう思う。向こうは、きっと、なんとも思ってはいないと思うけど」

「あるいは、ね」

「向こうは向こうで勝手にやって、幸せになっていてくれたら、救われるな、あたしも」

「どうして？　どうして、救われるの？」

「もしかしたら、あの人を駄目にしたのは、あたしかもしれないから……」

「どういうこと？」

「デビューして、もう二、三年の頃からそうだったんだけど、あたしには収入があるわけ。並のお金じゃない収入があるわけ。あたしっていうのは、どういうんだろ、持っていると人にあげたくなっちゃうの。どんなものでも与えたくなっちゃうの。その人が欲しいというものなら、それがいま、自分のうちで使っているテーブルでもあげちゃう。人に何かしてあげたくなっちゃうんだよ。それが、相手が男の人でも、そうしちゃう。結果的にはそれが悪いんだって人に言われるんだけど。よくない言葉で言えば、貢《みつ》いじゃうんだ。男の人に支えられるというより……なまじ生活力があるもんだから、逆にしてあげちゃうわけ。その人の場合にも、好きなものを買ったり、みんな自由にしてもらっていたの。でも、いま考えると、そういうこと……働かないでお金だけ自由になるなんていうことを、男の人にさせてしまったっていうのは、よくないことだったんだよね。それは、ほんとに、悪かったと思ってるんだ。あたしが、そんなふうにしなければ、もっと違ってただろうなあって思う」

「あなたの考え方は、実に男っぽいね」

「いけないのかな？」

「いや、いい。実に、いい。愚痴っぽく、メソメソして、男のせいにばかりするより、その方がはるかに恰好いい。しかし、あなたは、なんと、恐怖のプレゼント人間、なのか」

「フフフッ、そうなんだ。自分が必要なのに、なくて困っているなんて聞くと、持っていっていいよなんて言っちゃって……すぐ、車で取りに来られて、仕方がないから、翌日、それと同じものを買いに行ったりして……馬鹿みたいなんだ。ステレオなんて何台あったかわからないんだけど、気がついたら一台もないんで、しようがないんで、番組にでも出て、貰《もら》おうかなんてことになって、物まね番組に出て、貰ってきたりして……」

「ハハハッ、馬鹿ですねえ」

「ほんと馬鹿ですねえ、われながら」

「彼は、いま、どうしているの？」

「六本木で弾き語りをしているらしいけど……」

「あっ、そうか。女性セブンで、藤圭子再婚か、とかいう記事が出た、その相手っていうのは……」

「そう、その人なんだ。いやだね、もう、何もないのに」

「会うつもりもないの？」

「うん。だって……もう……」

4

「あなたは、お母さんがとても大事で、話をしてると、どうしてもお母さんが、多く出てくるよね」

「うん、そうだね、自分では気がつかないけど、そうかもしれないね」

「かりに……かりにだよ……お母さんと男と……あなたが惚れちゃった男がいて、そいつとどちらを選ぶか、という局面に追いこまれたとしたら……そんなことは起こりえないのかもしれないけど……そうしたら、どうする？」

「うーん」

「そんな深刻な局面はありえないかな？」

「いや、そんなことないよ。あたしも、どうするだろうって、考えたことある、それと同じことを」

「へえ」

「もし、嵐《あらし》になって、船が転覆して、ボートに救いあげてもらえるとき、あとひとりしか乗れないとしたら、どっちを先にしてもらうかな、って。お母さんか好きな人か、って。やっぱりお母さんかな。もし、あたしもその人も助かったとしたら、生き残ったあとがつらすぎるからね。それに、あたしって、男の人を見る眼がないから、自信持てないよ」

「ハハハッ、見る眼がないのか、あなたは」

「感情に流されて、いつも失敗ばかりしているから」

「いつも、失敗しているの？」

「うん。でも、自分が悪いんだから、納得してるけど」

「ハハハッ、納得しているの」

「そうなんだ……」

「今度も？」

「えっ？」

「今度の、ほら、野球をやっている人の場合も？」

「ああ……うん、そう。見る眼がなかった、あたしに」

「そして、そうやって納得してるわけか」

「そう、納得してる。納得してるけど……そんなにアッサリはできなかったけどね、いまみたいには」

「そのときは……いろいろあったわけですか、彼とは」

「そうだね……そうなんだ。あたし、ヒステリーを起こしたんだよね」

「誰に？」

「お母さんに」

「いつ？」

「四月頃」

「どこで？」

「クラブで。クラブの楽屋で」

「あなたみたいな人でも、人並にヒステリーを起こすんですか？」

「起こすんですよ、これが。すごいヒステリーを起こしちゃった」

「そんなにすごかったの？」

「ここ十年で最大のヒステリー」

「ハハハッ、十年来のヒステリーか。でも、仕事をやる前はヒステリーなんか起こしたことなかったでしょ？　それなら、十年来ということは、生涯最大のヒステリーということになるよね。史上最大のヒステリー……」

「そんなに馬鹿《ばか》にしないでください。真剣だったんだから、ほんとに」

「ごめん」

「お母さん……あっ、またお母さんだけど……びっくりしたんだって。血の気が引くような思いをしたんだって。そのヒステリーの起こし方がとてもお父さんに似ていたらしいの。そっくりだったんだって。ああ、この子にもやっぱり、あのお父さんの血が流れているんだろうか……」

「そうか、それは血の気が引いたようになるのも、無理はないかもしれないね。泣いたり、喚《わめ》いたり、物を投げたりしたんだね、きっと」

「エへへ。そうなんだ」

「可哀《かわい》そうに、お母さん。原因はどんなことだったの？」

「営業で、ひどいクラブが続いていたんだよね。ほんとにお粗末なクラブなんだ。それでも我慢してやっていたんだけど、ある日、楽屋で爆発しちゃったの」

「どうして、そんなところにお母さんがいたの？」

「それはね、一度舞台に出て歌ったんだけど、あまりお客さんがひどいんで、途中で引っ込んでしまったの。でも、そのまま帰るわけにいかないし……帰ったら困る人がいっぱいいるし……もう一度出て歌い直そうとしたんだ。でも、同じ衣裳《いしょう》じゃ出られないじゃない。もう一着、お母さんとお手伝いさんに急いで持ってきてもらったんだ。そんなふうに、一生懸命我慢していたんだけど、どうしても気分がたかぶって……抑えようがなくて……ついに爆発しちゃったの。そういうことが続いていたんだよね。安っぽいキャバレーで……心が痛んでいるときに……変な客がいて、ヤクザみたいのとか、酔っ払いとかが、舞台に上がってきて……」

「それが直接の原因だとしても、もっとほかに、いろいろあったわけだね、心が痛む、何かが」

「うん」

「どうして？」

「えっ？」

「どうして心が痛むようなことがあったの、その、野球をやる人との恋愛で」

「………」

「どうして？」

「……」

「なぜなんだろう……」

「……裏切られたんだ」

「えっ、珍しい台詞《せりふ》を吐くね、あなたにしては」

「裏切られたっていっても、怨《うら》みとか、そういうんじゃないんだよ。ぜんぜん、そういうんじゃないんだ。自分の思い、がね、自分で勝手に思い込んだ、その思いが、裏切られちゃったと言ってるの。それが、それが……痛かったって言ってるの。心がね、痛んだっていうのは、そういうこと」

「自分の思い、ってどういう思いだったの？」

「男の人を尊敬したいって思ったんだ。女がどれだけ頑張っても、やっぱり女なんだよね。できることなら、女は、やっぱり男に支えられて、そうやって生きていくことが幸せなんじゃないか、と思ったの。尊敬できる男の人と、一緒に生きていきたいと思ったんだ……でも……駄目だった」

「その人と、一緒に生きていこうと、思っていたの？」

「うん……結構、真面目《まじめ》に考えていたんだよ……結婚を」

「結婚？」

「それは意外だね。だって、その前に付き合っていた人、グループのボーカルをやってた人、その人のときには、結婚しようなんて思わなかったんでしょ？」

「うん」

「相手も？」

「うん……でも……すぐにというんじゃなかったけど、しばらくしたら、みたいなことは言ってたけど」

「まあ、一緒に住むということでよかったわけだ。あなたも彼も。それなのに、なぜ、次の人とは結婚しようと思ったの？　あなたが結婚したかったの？」

「正直言うとね、どうして一時期にしろ、熱くなって、惚れたかというとね……最初はあまり好きじゃなかったんだ、あたし。好きじゃなかったから、初めのうちは、むしろ惚れられたりすると、ややこしくなって困るなって思ったくらいなの。それがそっかしくてこっちが惚れちゃったんだけど……」

「ハハハッ」

「笑わないでよ、そんなことで。悲しい話をしてるんだから」

「ハハハッ」

「それがどうして必要以上に熱くなっちゃったかというと、みんなでハワイに行ったんだよね。遊び仲間の人たちと一緒に……ハワイで一緒に時間をすごしているうちに情が移っちゃったんだ。どうしたって移るよね。移っちゃって、日本に帰ることになって、帰ってきたとき……成田で気がついたわけ。そうだ、ここであたしたちはバラバラになるんだ、この人は家に帰るんだ、家には奥さんがいるんだって気がついたの。そうだ、そうなんだ、って。そう思うと急に寂しくなったんだ。それに、やっぱり、人間ってさ、自分のものじゃないというと、欲しくなったり、そういうことってあるじゃない。それがあったから、一時期、そんなふうになっちゃったんじゃないかな」

「あなたが執着したの、結婚に」

「ううん、向こうが女房と別れるからって言い出したんだ。別れて、あなたと……あの人はあなたじゃなくておまえというんだけど……おまえと結婚するというわけ。奥さんがいて、子供がいるのに、それほどまでしてくれるというなら、なんて思ったことは確かにある。第一印象は悪くて、なんだろうこの人は、なんて感じがして……。でも、最初の印象って、正しいんだよね、いつでも」

「いまごろ、そんなことを言っても遅いんですよ」

「エヘヘ」

「まったく、阿呆《あほ》なんだから……」

「最初ね、変わった人だな、と思って呆《あき》れて見てた」

「どうして知り合ったの？」

「去年のオフにね、泉ピン子ちゃんたちと呑《の》んでたら、ジャイアンツの若い人たちが呑んでるから来ないかって誘われて、みんなで行ったの。そこにいたんだ。変な人でね、女の人と見ると、すぐチークで踊りたがるの。ピン子ちゃんの付き人の人でもなんでも構わず、チークで踊るんだ。馬鹿にして見てたの、あたしは。でも、それから、そのグループで、よく会うようになって……ちょうどその頃、前に暮してた人と別れたすぐあとで、苛々《いらいら》してたんだよね。誰もいなくて、寂しかったんだね。馬鹿だね、あたしって」

「まったく」

「結婚して、子供さんがいるというのに、そんな人と恋愛するなんて、女のくせによくないよ。いくら好きになったんだから仕方ないといったって、好きになる前に、そういう行動を取らなければいいんだから、やっぱりよくないよ。ずいぶんひどいことをしたなあって、本当に後悔しているの。理屈で考えても、許されないことだよね。馬鹿と言われようが、何と言われようがしようがない。だから、かりに結婚したとしても、幸せになれるはずがないよね」

「これがぼくの妹かなんかだったら、馬鹿、とか言うんだろうけど、男と女の機微なんて、当人同士でなくちゃわからないことだろうし。でも、聞いているのが、ちょっとつらい話だなあ」

「そう？　やめようか？」

「うん、やめよう。もう、その話はやめよう……どういうふうに最終的に決裂したのか知らないけど、なんとなく想像はつく。それもつらそうな話のような気がするから」

「うん……」

「別れたあとだね？　クラブの楽屋でヒステリーを起こしたっていうのは」

「うん……でも、いま考えてみれば、悩んで、苦しんで、ノイローゼになるほどの相手じゃなかった。非常につまらない人でね。悩む必要のない、つまらない、薄っぺらな人で……自分の付き合っていた人を悪く言うのは、自分のくだらなさを言うことと同じだけど……ほんとなんだ。ほんとに、信じられないようなひどい言葉を投げつけられて、それで終ったんだけど……でも、別れる前に、気がつくべきだったんだよね。自己中心的な人で……知り合ったはじめの頃、付き合ってる女の子が妊娠しちゃったらしくてどうしよう、なんて言ってて、産みたいって言うの、って訊《き》いたら、冗談じゃない、あんな女に産ませるもんか、ぼくの子供を、って言うんだ。絶対に堕《お》ろさせる、って。そういうことはいくらも見たり聞いたりしてたのに、気がつかなかったあたしが馬鹿だというだけ。そうなんだ……」

「……」

「いま思えば、むしろ、よかった。あのまま、もしか、うまくいってても、不幸だったと思う。男の人にチヤホヤされて、いつもそうだったから、あたし勘違いしてたんだと思う。男の人っていうものを。勉強になった」

「ハハハッ、勉強になったってのも、おかしな言い方だね」

「でも、やっぱり、勉強になった。あたしがいやで、逃げ出したい逃げ出したいと思っている世界へ、その人は近づきたくて仕方がなかったの。華やかっぽい、芸能界か、そういうとこへ近づきたくてしようがなかったんだ。ファンの集いなんかで舞台に上げられて歌なんか歌わされるわけ。見ていて可哀そうだな、なんて思うわけ。きっと居心地が悪いだろうな、って。すると、歌って戻ってくると、どうだった、俺うまかった、なんて訊くんだよね。ほんとに、困ったことがある」

「そうか……」

「お母さんが言うんだよね。純ちゃんの周りには、とても立派で素敵な人がいるのに、どうしていつも、よりによって……」

「ロクでもないのばかり好きになるんだろう、って?」

「そう。変なのを選《よ》って恋愛してる、って」

「変なのを選って、というのは面白いね。選ってるの?」

「まさか。でも、確かに、立派な人はいるんだけど、そして好きなんだけど……どうしても恋愛感情だけは生まれなかったんだ、どういうわけか」

「惚れるのは、いつも変なのばかり、か」

「そう」

「しかし、惚れるだのなんだのっていうのは、筋書どおり、理屈どおりにはいかないからなあ、実際……」

「そうなんだよね」

「くだらない、駄目な男ほど、女の人にとっては魅力があるものなんだろうし……」

「そうなんだろうね、たぶん」

最後の火酒

1

「どういうんだろうか、ある時期からのあなたというのは、実に鮮明なんだけど、それ以前のあなたはとても見えにくい。頭の中で像が結びにくいといったらいいのかな。ある時期っていうのは、ほとんど手術をした前後と重なっているんだけどね。何を訊《き》いても、わからない、考えていなかった、そればかりでしょ？」

「そうだね。でも、感じてないはずはないんだからね。まったく、どういうんだろう。自分でもわからないよ」

「手ざわりというか、手がかりがないから、逆に、無感動に歌っていたあなたと、ぴったりするところもあるんだけどね。あの頃、デビューした前後の頃のあなたはどういう少女だったんだろう」

「えーと、まず髪を染めていましたね」

「そう言えばそうだ、茶色に染めてたなあ。そう、そのことも、最初ぼくがあなたを好きじゃなかった理由のひとつだったんだ。あなたが〈新宿の女〉でデビューしたとき、髪を染めているのがいやだったんだ。そうだ、思い出した」

「ローカルっぽくて?」

「ハハハッ、ローカルっぽくて」

「フフフッ、クラブっぽくて?」

「染めなくたってよかったのに。せっかく、そんな綺麗《きれい》な髪を持っているのに、もったいない」

「顔がきついから、そのうえ髪が黒いと、さらにきつく映るからって、いつでも美容師さんに言われるの」

「あの茶色の髪って、あまりよくなかったよ」

「でも、初めてだよ。あたしの髪が茶色かったって覚えていた人。みんな、白いギターに黒く長い髪が印象的で、なんて必ず言うからね。みんなそうだよ」

「人の記憶って、そんなものなんだろうな」

「髪も染めてたし、化粧も濃かった」

「化粧は気がつかなかったなあ」

「若いときはどんなに化粧が濃くてもおかしくないからね。齢《とし》をとって濃いとおかしいけど」

「逆じゃないの？」

「ううん、そうじゃないの。若い頃は素肌が綺麗だから、どんな化粧をしてもおかしくないんだよ。それに、齢とってから濃いと、人に何を言われるかわからないからね。いい齢して気持悪いとか。楽屋でも、三十過ぎて濃いと、もう許されないって感じで罵《のの》しられるから」

「ハハハッ、そいつはおかしい。しかし、昔の、その化粧の濃かった頃のあなたの顔は、かなり生意気そうに見えたなあ」

「そんなことないよ。可愛《かわい》かったよ。気性だって、いまと同じくらいよかったよ」

「ほんとですか」

「ほんとだよ」

「その頃のあなたに会ったとしたら、ぼくはその藤圭子を好きになっただろうか」

「どうだろう。たぶん、なったと思うよ。そんなにいやな子じゃなかったから、好きになってくれたと思うよ」

「しかし、言葉は通じたかな」

「えっ？」

「さっき、スペインのマラガの話をしたでしょ。そのとき、あなたは、すごく素直に反応してくれたよね。それでぼくは思うことができた。この人には言葉が通じる、ぼくの言葉が通じるって。あなたの反応に、少し感動したんだよね」

「そうか、あのときだね。いままで、あんな話をしてくれる人はいなかったんだ。外国の話といえば、どこでヴィトンを買ったとか、そんなのばっかし。マラガの居酒屋の話、あたしにはすごく面白かったんだ」

「以前のあなたに、そういう言葉が通じたろうか」

「もしかしたら、そういうことには興味を持たなかったかもしれないね」

「そういうことでなくても構わないんだけど、通じたかな」

「そう、通じなかったろうね。人を内面から理解しようなんて思ったことがなかったから。たとえば、男の人を見るんでも、外見的に自分の好みかそうじゃないかっていうことだけで、まったく何ひとつ見ていなかったみたい。いったい、男の人のどこを見ていたんだろう、いままで」

「いや、外見で見るというのも、決して悪いことじゃない」

「うん、そう、そうなんだけど、外見にも内面が必ずあらわれるはずじゃない。その、どこを見てたんだろう、と思うの」

「なるほどね。あなたも変わってきたんだね。ぼくから見ると、その変り方というのは、人間として、決してよくない方向に行っているとは思えないけどな」

「どうなんだろう」

「あなたは、初期の頃の自分は無心でよかった、とよく言うよね。確かに歌手としてはその通りかもしれないけど、ひとりの女の子としてはどうだっただろう。果してよかったかなあ」

「いいんじゃないかな。それはそれなりに、ぜんぜん幸せだったんじゃないかな」

「それで、いまは？」

「しんどいね。こんなに考え込むようになっちゃうと」

「いろいろと悩んだり、迷ったり、考えたり……それが人間として普通だとは思わない？」

「思わない。こんなに神経質になって、いろいろ細かいことを気にするのは、やっぱりよくないよ」

「そんなに考え込んでるの？」

「あっ、そうか。もしかしたら、実はちっとも考えてなんかいないんじゃないって気が、いまふとしてきちゃったよ」

「ハハハッ。でもさ、何も考えてない女の子なんて存在するのかな。するとしたら、怪物みたいで気味が悪いけど」

「それが存在したんだよ」

「そうか。もしかしたら、あなたは、ある意味で怪物だったのかもしれないね。それが、少しずつ人間になっていった。だから、そんなふうに苦しんだのかもしれない。そうかもしれないね」

「どうなんだろう……」

「いま、どんなことを考えているの、そんなに苦しむほど」

「毎日、毎日、歌っているわけだよね。仕事して歌っている。でも、歌っても歌っても満足できないんだ。昔は、何も考えずに歌っていれば、お客さんがいいとか悪いとか勝手に判断してくれたけど、いまは自分で、ああでもない、こうでもないって考えちゃうんだ。どうしても満足できないから。でも、自分で考え考えしながら歌なんて、とっても歌えるもんじゃないよ」

「考えることといえば、仕事のことが多いの？」

「ほとんど、みんな」

「そう。それはしんどいかもしれないね」

「うん」

「私生活の悩みなら、まだ幾分か救われるかもしれないけどね」

「そう、私生活ならしれてるんだけど。こういう世界に生きて、仕事に満足がいかなかったら、つらいよ」

「そうだろうね」

「仕事を二十五日やって、五日休むとするじゃない。その五日が私的な生活かっていうと、そういうわけには、どうしたっていかないでしょ。その五日だって、仕事のことが頭を離れないし、やっぱり毎日が仕事なんだよね」

「さっき、ノイローゼみたいになったとか言ってたよね？　あれは、仕事のことで？　それとも、やっぱり、彼とのトラブルが原因で？」

「どうなんだろう。みんなは、あの人とのことが原因だと見てただろうけど……それもこれも、みんな、ワァーッと一時に押し寄せてきちゃったんだよね。すべてが虚《むな》しくなって……もう、どうでもいいっていうような気持になって……ぼんやり、死のうかな、なんて思うようになりはじめて……どうやって死ぬのがいちばんいいのかとか、夜になると考えるようになったんだ」

「しっかりしてくれないと、そんなつまらない男のために……」

「だから、それだけじゃないんだって。歌っても歌っても絶望なわけじゃない。歌うのがつらすぎるようになっちゃったんだ。それがいちばんひどくなってしまったのが、デビュー十周年の舞台」

「ああ、日劇でやったという？」

「そう」

「大事な舞台だったわけだよね」

「そうなんだけど、舞台恐怖症みたいになって上がれなくなっちゃったんだ」

「そんな感じ、初めてのこと？」

「二年前に一度、それと似たようなことがあった。歌を忘れそうになるの」

「歌って、歌詞を？」

「歌詞だけじゃなくて、メロディーも忘れそうになるの。全部、わかんなくなっちゃう。舞台に立つと、突然、忘れてしまうんだ。それは、〈新宿の女〉だろうが、〈夢は夜ひらく〉だろうが、おかまいなく、急にやってくるわけ。そういうことが、四度か五度、続いたんだよね。自分で自分が怖くなった。もう、恐怖なんだよね、また忘れるんじゃないかって。そう思うと、舞台で体がすくんじゃうんだ。ほんと、そうなると、どうしていいか、わかんなかった」

「思い出そうとして、焦《あせ》っちゃうのかな」

「違うの。頭の中が空っぽになって、無になって、ボォーッとしちゃうんだ。あっ、またなる、またなる、また病気になる……って。ほんとに悩んだよ。怖かった」

「怖かった？」

「怖かったよ。何度、舞台から逃げ出そうとしたかしれないよ。舞台が終って、付き人の艶ちゃんなんかに訊くの。ちゃんと歌ってた、あたし？　ええ、って艶ちゃんが言うから、ほんとに、ってまた訊くわけ。どうしてそんなこと訊くんですか、ちゃんと歌ってましたよ、って言われるんだけど、そんなはずない、と思うわけ」

「それは確かに、少しひどかったね。でも、そういうことは、人前に身をさらす仕事をしている人には、起こりうることなんだろうけどね」

「日劇のときはそれよりひどかったんだよ。そのショーではね、オープニングは、あたしがセリで舞台に出ていくということになっていたんだけど、舞台にどうしても上がりたくなくて、逃げ出したくなっちゃったんだ」

「セリで上がるときに？」

「そう。もう、開演のベルは鳴っていて、お客さんは、さあ、と待ち構えているのに、どうしてもいやだって、大声で泣き叫んじゃったんだ」

「奈落《ならく》で？」

「そう。近くの柱にしがみついて、出たくない、もう歌いたくないって。艶ちゃんも、泣かんばかりに、どうか出てください、なんて言って、大変だったんだよ」

「驚きですねえ、その話は」

「信じられないでしょ。でも、自分でも混乱してるのがよくわかっていたんだけど、どうしてもいやだったんだ」

「で、どうしたの？」

「そこがあたしの駄目なとこなんだけど……みんなに迷惑がかかるわけじゃない、わがままを通せば……それを思って、どうにかセリに乗ったんだ」

「そうか……」

「ところがさ、セリが上がると、舞台でパッと決められたとおりのことをしちゃったりして。歌手っていうのは恐ろしいですねえ」

「ハハハッ、恐ろしいです、まったく」

「日劇が終ったときは、ほっとしたよ」

「そんな状態がしばらく続いたわけだね。それはいつ頃のこと？」

「この春から夏にかけて……」

「大変だったね」

「夜になると、じわっと死ぬことが頭の中に入ってくるんだよね。あたしが死んだら、お母さんはどうするだろう、なんて、そんなことばかり考えちゃうんだ。いま考えれば、阿呆《あほ》みたいだけど、ね」

「どうやって突破したの、その、かなり深刻な落ち込みを」

「うん。まず、馬鹿《ばか》らしい、と思ったんだよ。こんなことで悩むのは馬鹿らしい、ってね。だってそうじゃない、男の人はつまらない人ってわかったわけじゃない。それは、あたしに男の人を見る眼がなかった、というだけのことでしょ。歌を歌うのが辛《つら》い、絶望だ。だったら、やめればいいわけじゃない。簡単なことではないですか。そう思ったの。そう気がついたの。歌わなくなれば、お金が入ってこなくなる。確かに、それはそう。でも、昔は一銭もなくたって、生きていけたんだよね。それがいまは、半年か一年、食べていかれるだけのお金を持ってる。それだったら御の字じゃないか、と思ったんだ。御の字だよ。明日、一日だけでも暮していけるお金があるなら、ありがたいくらいなことではないですか。沢木さんも、そう思うでしょ？」

「思うね」

「だったら、何をビクビクする必要があるんだろう。確かに、ここ何年か贅沢《ぜいたく》をしてきたよ、あたしは。ネックレスも指輪もブレスレットも増えた。でも、もういらない、と思ったの。この、お母さんに貰《もら》ったネックレスひとつあれば、あとはもう何もいらないじゃないか、と思ったんだ。どんなことしたって生きていける。それなら、歌をやめることを恐れることはない……」

「あなたは実に健康的な人ですねえ……」

「洋服だって、宝石だってほしくない」

「そういえば、あなたは、身になにもつけていないもんね、装飾品を。ネックレス以外……それかな、お母さんにもらったというのは」

「うん。そのとき以来、身につけるのはこれひとつで沢山だ、と決めたわけ」

「シンプルで、すごく似合ってる」

「ありがとう」

「しかし、それにしても、よく決心できましたね。やめるっていうことは、あなたがいま言っているほど、簡単なことじゃないだろうからね」

「やめることは、もうずっと前から考えてたんだ。喉《のど》の手術をしたあと、ずっとね。でも、そこでやめても、家のローンが残っていたし、暮していけないじゃない……暮していけなかったの」

「いまならやめられる？」

「なんとかね。でも、あたしはやめるつもりで、お母さんにはずいぶん前から話してあったんだ。引退発表なんかしないで、静かにそっとやめていきたかった。仕事をやらなくなれば、藤圭子、ああそんなのいたっけなあというくらいで消えていくことができるでしょ。そうすればいいと思ってた」

「お母さんは、やめると言ったら、何とおっしゃった？」

「純ちゃんがそれで幸せになれるなら、お母さんは反対しないよって」

「それ、本音かな」

「本音だと思う。お母さんは、やっぱりあたしの幸せが一番大事だと思ってくれているんだ。酔えばもう少し違うことも言うかもしれないけど……でもね」

「酔えば、どんなことを言うのかな？」

「あたしの月給って、何百万円かあるわけでしょ。それが銀行に振り込まれるんだけど、月給日になると銀行の人が札束を持って、お母さんのところに来るんだ。お母さん、眼が見えないでしょ、それを手に取って、数えるわけ。札束を手にするというのって、それはとても気持がいいんだって。ああ、もう、あと一回か二回しかあの気分は味わえないんだね、なんて酔うと冗談で言うの」

「そうか。それは気持いいだろうからね」

「やっぱり、少しは不安になるらしいよ。だから、お母さんには絶対に心配はかけないから、いざとなったらなんでもするから、と言ってあるんだ」

「でも、できることならそっと消えていきたかったわけでしょ。それがどうして記者会見なんかすることになったの？」

「スポーツ新聞に、藤圭子引退か、と出ちゃったの。ぜんぜん、そんなこと洩《も》らさなかったのにね。それで仕方なく、やろうということになって……」

「どこから洩れたんだろう。あなたがしゃべったわけじゃないんでしょ？」

「それはね、あの人たちがやっぱりすごいんだよね。あたし、今年いっぱいでやめようと決心していたから、来年以降の仕事はとらないでって事務所の人に頼んであったわけ。だから、スケジュールが真っ白なわけよ。それで出入りの芸能記者が、これはどういうことか、ということになったんじゃないかな」

「そうか、少なくとも、事務所の人は知っていたわけだ。もちろん、誰がしゃべったというわけじゃないけどさ」

「うん。カルーセル麻紀さんも、同じ事務所なんだよね。とても仲がいいの。さっぱりした男みたいな人で……えーと、そういう言い方ってあるのかな、もともと男の人なんだからね、でも、とにかく気持がいい人なの。その麻紀さんが、事務所の人から聞いたんだけど、って引退発表のだいぶ前に心配して来てくれたことがあるの。麻紀さんはね、絶対にやめたらいけないというわけ。純ちゃん、やめたら駄目よ、あたしたちみたいな貧乏人がようやくこうして贅沢ができるようになったんじゃない、おいしいものをどんどん食って……麻紀さんは食ってって男みたいな口調で言うんだけど……綺麗なものじゃんじゃん買って、そうやって生きていけばいいじゃない。あたしたちみたいな貧乏人の生まれが、やめるなんていったら絶対にいけないよ、疲れたなら休むと言えばいいの、休みなさい、って真剣な顔で言われたんだ」

「彼女の言うことはよくわかるな」

「そうなんだ、あたしもよくわかる。でもね、あたしもできる贅沢はしたし、よい品物と悪い品物とはどう違うのかってことがわかるくらいには、高価な物も買ったけど、結局、あたしには、そんなに高い物は必要ないし、贅沢のために居たくないところに居る気はしないんだ。居たくないっていうことに気がついたんだよ。でも、麻紀さんの言うことはよくわかるから、そのときは、うん、と言っていたんだけど」

「彼女にとっては、贅沢というのが人生のひとつの目的であるわけだ」

「うん、それでね、その翌日だったかに一緒にテレビに出たんだ。二人で行動しているのを隠しカメラでとるとかいう、ちょっとどうでもいい番組なんだけど、二人でカメラの人たちをまいちゃって銀座に出たの。麻紀さんが洋服を見るから一緒に来てというので行ったわけ。いかにも高そうな店に入って……あたしはただ麻紀さんについて行っただけだけど……麻紀さんがほしそうに見ている服が一着あるの。あたしが見ても素敵なんだよね。何気なく値札を見て、ああ七万円か、まあまあいいな、なんて思ってもう一度よく見ると、ゼロが一個多いの。七十万なんだよね。でも、麻紀さんは、いいわ、それもらうわって言うわけ」

「すごいね、七十万もする服を着るわけか」

「贅沢だって思う？」

「ぼくなんか、パンツや靴下を入れたって、この服装全部で一万円もかかっていないからね、やはり七十万の一着というのは驚異だよ」

「でもね、麻紀さんにとっては、七十万の服を着てるってことが、生きるハリなんだよね。それを着て、シャンとしたいから、働いているんだよね。それはちっとも悪いことじゃないと思う」

「もちろん、誰も悪いなんて言えないさ」

「あたしはそういうことのためにも働くつもりはない、というだけなんだ」

「しかし、あなたのその思いは、人にはなかなか伝わらないだろうな」

「そうなんだ。なぜやめるの、と訊かれて、正直に答えるんだけど、誰にも信じてもらえない。愛情のもつれですか、なんて当人に訊くんだからマスコミの人っていうのもすごいよね」

「ほんと、すごいよな」

「それとか……結婚」

「プロダクションの移籍、っていうのもあったよね」

「そう、それも多いね」

「ぼくの友人の、元・芸能誌記者に言わせると、新栄プロダクションがいやになったからではないかという説が有力だとか」

「いやになるね。どこでやっても同じ。そういうことじゃないんだから」

「記者会見じゃ、みんなからギャーギャーやられた？」

「そうでもなかったよ」

「テレビで見ると、せきこむようにしゃべっていたようだったけど、上がっていたのかな」

「どうだろう。あとでVTRを見てみると、どういうわけかニコニコ笑ってるんだよね」

「そういえば、テレビのキャスターが、こういう場面には涙がつきものなんですが、とか不満そうに言ってたなあ」

「新栄の社長がね、自分は引退には反対していたが、こうして引退するということになってみると、むしろ嬉《うれ》しいと言ってくれたの」

「その場で？　でも、それはどういう意味？」

「社長はね、やっぱり引退は思いとどまらせようとしていたわけなの。だから、前から一度ゆっくり食事をしながら話し合おうと言ってたんだけど、いろいろの都合で会えないうちに、こんなふうになってしまったわけ。引退発表をしてしまえばおしまいだから、社長も迷ったと思うんだけど、こう考えたんだって。別にうちをやめてよそのプロダクションに行くというわけでもないし、歌手というのはいつまでもダラダラ歌っていって、みじめになっていつやめたかわからないような消え方をするのが普通だ。でも、純ちゃんみたいにまだまだ歌えるのに惜しまれながらやめていくなんて、歌手としてこんな幸せなことはない。みんなそうしたいけど、できないままにボロボロになっていく。それなら拍手をして送り出そう、ってそう言ってくれたわけ。おめでとう、って」

「それはよかったね。少なくとも、事務所の人たちは理解してくれたわけだ」

「まあ、ね」

「それでも、もめてやめるより、よかったじゃないか」

「それはそうだね。言い出せば、いろいろあるんだけど……」

「でもいいじゃない、そんなの。どうせ、もうやめちゃうんだから」

「うん」

「これはもう、どうでもいいことなんだけど、やめる前に、もうひとつ、大きな花を咲かせてからやめよう、という気持はなかった？　要するに、一発ヒット曲を当ててから華々しくやめてやろう、というような」

「それはなかったな。そうすれば、ますますやめにくくなるだけで、あたしにとって、少しもいいことじゃないもんね」

「そうか、それはそうかもしれない」

「記者会見をして何日かして、タクシーに乗ったんだよね。運転手さんは個人タクシーのおじいさんだったんだ。乗って、しばらくしたら、話しかけてきたんだよね。ほんの短い距離だったんだけど、その、降りる間際《まぎわ》に、急に話と関係なく言い出したんだよね。あの、歌い手の藤圭子っていう子も引退するらしいけど、無理ないよな、やめさせてあげたいよな、って」

「あなたが藤圭子だっていうことを知らずに?」

「うん、ぜんぜん気がついていないの。あの子がやめたいっていうのは無理ないよな、ってあたしに話しかけるんだから」

「へえ。でも、それは嬉しかったね」

「うん、嬉しかった、とても」

「きっと、あなたの話す声かなんかで、無意識に藤圭子を思い出したんだろうね。しかし、世の中、実に楽しいことが起きる」

「ほんとだね」

「ほんとだ」

2

「涙って、しばらく泣かないと、眼の裏にたまって、泣きたくなるんじゃないかなあ」

「そんなこと、あるだろうか」

「幸せで、なんにも悲しいことがなくても、何ヵ月も泣かないと、夜、ひとりで歌を聞いていると、涙が勝手に流れてきたりするんだ」

「どこで？　あなたの家で？」

「うん、自分の部屋で」

「自分の部屋で歌を聞いたりすること、よくあるの？」

「あるよ。だって、歌、好きだもん。聞くの大好き。聞いていると、涙が出てくることがあるんだ。とても不思議なんだけど、どんなに好きでも、あれは不思議なんだけど、ダイアナ・ロスの歌じゃ泣かないんだよね」

「いろいろ聞くんだろうけど、誰の歌を聞くの、日本の歌手では」

「クール・ファイブとか八代亜紀《やしろあき》さんとか……」

「やっぱり演歌なの？」

「うん、そうだね……やっぱり、そういうことになるね」

「クール・ファイブか。藤圭子の歌は？」

「聞くよ」

「泣ける？」

「うん、初期の頃の歌を聞いているとね。もう、レコードになっていると、ああ、歌手の藤圭子さんが歌っているな、っていう感じになるでしょ。ここがいいとか、ここがよくないとかって、かなり突き放して聞けるから」

「夜、ひとりで音楽を聞いて、泣くんですか」

「胸の奥をさわられたような気がするんだよね。好きな男の人に体をさわられると気持がいいように、ほら、こうやってつねれば痛いって感じるように、歌というのは、心を、さっとさわるんだよね、あたしの胸の中を、ね」

「そんなに、はっきりと感じるの？」

「うん、はっきりと。だから、自然と涙が出てくる」

「それは意外ですね。プロの歌手というのは、もう歌なんかに飽き飽きしていて、もっと鈍感になっているのかと思っていた」

「そんなことないよ。このあいだもクール・ファイブを聞いたんだよね。ほんとにすばらしかった」

「クール・ファイブを？」

「うん」

「レコードで？」

「ほんと！　前川清の舞台をわざわざ見に行ったわけ？　別れた亭主のショーの会場に？」

「ううん。日劇のショー」

「うん。すごくよかった。馬鹿ばかしいコントなんかやっていて、まあそれはそれでお客さんと一緒になって笑っていたんだけど……後半の歌のときになったら、ジーンとするくらいよかった。ああ、歌って、やっぱりいいもんだなと思った」

「なぜ見に行ったりしたの？」

「来ないかって誘われたんだ。あたし前川さんの歌が大好きなの。あんなにうまい人はいないと思ってるんだ。昔も好きだったけど、いまも前川さんの歌は大好き。メドレーの最後の方で〈出船〉っていうのを歌ったんだ。それ聞いていたら、胸が熱くなって涙がこぼれそうになって、ほんと困っちゃったよ。あんなうまい人はいないよ。絶対に日本一だよ」

「日本一、か」

「うん、すごい歌手だよ、前川さんは」

「それだけ理解しているのに、別れてしまった」

「それとこれとは違うよ」

「そう、それはそうでした」

「前川さんはいい人だよ、それに歌も抜群にうまいよ、あたしはそう思ってる。でも、別れる別れないというのは、それとは違う話だよ」

「そうだね。日劇で歌を聞いて、そのあとで、前川さんと何か話したりしたわけ？」

「話したよ」

「どんなこと？」

「いろんなこと。あたしはもう歌をやめるつもりだとか……。そのこと、まだ発表してない頃だったから」

「そんなことまでしゃべったの？」

「うん」

「そうしたら、彼は何と言った？」

「それはよかった、って」

「祝福してくれたわけなのね」

「前川さんはね、以前からやめろといっていたの。おまえは芸能界には向かないからって」

「そうなのか」

「だから早くやめろといったろ、って言われちゃった。でも、あのときはそうはいかなかったんだよ」

「あのとき？」

「結婚したとき」

「なるほど、そうか、前川さんは結婚するとき、引退して家庭に入れと言ったのか」

「でも、あのときは家族のこともあったし。そう言ったら、そのくらいのことは男なんだから当然するつもりだった、って。あたしはいやだったんだよね、そんなことをさせるのは。悪くて、そんな、家族のことで前川さんに面倒かけるなんて。ようやく引退しても何とかやっていけそうになったからなんだと言ったら……困ったことがあったら、何でもまずぼくに相談しに来いよと言ってくれて……嬉しかったな」

「それは、よかったね」

「そのとき、前川さんにね、ぼくと別れてからあまりいいことなかったろ、と言われたから、うんと答えたんだ」

「そんなこと、正直に答えたの」

「だって、本当のことだから仕方ないよ」

「馬鹿正直ですねえ」

「ぼくと別れてからロクな男にぶつからなかったろ、と言うから、それもうんと答えた」

「前川さんの方が、ずっといい男だった？」

「うん」

「それがわかったんなら、いまでも遅くないから前川さんと再婚すればいいのに。今度は、あなたからプロポーズして」

「違うんだったら、そういうことじゃないって、さっきから言ってるじゃない。前川さんはすごくいい人。嘘《うそ》ついたり、裏切ったり、傷つけたりは、絶対にしない人。あとから知り合った人たちとは比べようがないほどの人……格が違うんだよ」

「格？」

「男としての格が違うと思うの。でも、やっぱり、前川さんは肉親みたいな気がしちゃうんだ。一緒にいると、こんなに心が落着く人はいないんだけど、心がときめかないんだよね。どういうわけか……」

「他の、格下の男には胸がときめくのに？」

「そう。いくら周囲の人が、あの人はよくない、悪人だって言っても、あたしの胸がときめいてしまったら、それで終りじゃない。前川さんには初めからそういう感じがなかったんだ」

「そういうことは、ありうるんだろうね。しようがないのかな、それは」

「しようがないよね？　やっぱり前川さんとは合わなかったんだよ。どこがどうって説明はしにくいんだけど、やっぱり一緒には暮らせなかった」

「にもかかわらず、前川さんは他の男と比べれば、ランクが上なわけだ」

「絶対、上。あたし、きっと、つまらない人と付き合っていたんだね」

「つらいことを言っていますね」

「つらいね。そんなこと聞くのいやだよね」

「いやとは思わないけど……」

「五味康祐《ごみやすすけ》っていう人、いるでしょ、占いやる人」

「ハハハッ、占いやる人はないぜ、あの人は作家だよ」

「うん、そうらしいんだけど、手相なんかテレビでよく見てるじゃない」

「うん、やってるね」

「あたしも番組で見てもらったら、とても男運が悪いって言われちゃった」

「男運が悪いって？　結構、当っているじゃないですか」

「信じないよ、そんなの。男運が悪いなんて、信じない。男の運が悪いんじゃない、とあたしは思うんだ。ただ、あたしが悪いだけなんだ。眼がないあたしが悪いだけ」

「そういうのを、男運がないと言うらしいよ、世間では」

「ううん、あたしは運だなんて思いたくないわけ」

「そうか、それならわかる」

「うん、そうなんだ。いままでは、どうしても、芸能界の人しか知り合う機会がなかったけど……」

「これからは、違いそう？」

「うん、そう思ってるんだ。大いに希望を持っております、なんてね」

「昨日もあなたの歌を聞いていたんだけど、聞けば聞くほど、やめる必要はない、と思うんだよね。もっと聞きたい、というかな。繰り返しの愚痴になるけど、続ければいいのに」

「あたしが他人だったら、藤圭子にそう言うかもしれない。どうしてやめるんだよ、あなた、贅沢だよ、って」

「贅沢とは思わないけど……」

「でもね、これから先、どんなに続けても、いまのような状況じゃあ、いい歌が歌えるはずないんだよ。いい歌を歌うには、いい舞台が必要なんだ。でも、そんな舞台が作れるのは一年に何度もない。クラブや慰安会に出て、いいバンドもつかず、ひどい照明の中でいつも歌わなくてはならないんだよ」

「そういうことか……」

「テレビだって、そうだよ。コントやったり、ドタバタをやったり、せいぜい特集といって、二、三曲うたわせてもらうのが、精一杯なんだ。昔の、NHKの〈ビッグショー〉みたいな番組は、どんどんなくなっていくばかりだし……。続けていても、仕方がないよ」

「〈ビッグショー〉っていうのは、そんなにいい番組だったの？」

「あたしたち歌い手にとっては、ね。だって、四十五分間、ひとりで歌わせてくれるんだから。それもコマーシャルなしに。民放だったら一時間番組ということだよね」

「なるほど」

「少しずつ情感が盛り上がってきて、いい歌が歌えるんだ、とても」

「そうだろうね」

「三度、出たのかな。みんなビデオにとってあるけど、自分でも好きな方なんだよね」

「見直すこと、ある？」

「時々ね。三度目に出たときかな、そのとき……これはつまんないことだけど……視聴率がよかったんだって、とても。〈ビッグショー〉って、ひとりの人のものでしょ。だから、視聴率にもピンからキリまであるわけ。ポップス系の人のはあまりよくないらしいんだけど、最低七パーセントから最高十五パーセントくらいまで、すごく差があるわけ。そのときのあたしの視聴率は、ピンというのかキリというのか知らないけれど、最高の方の部類だったらしいの」

「かりにヒット曲が出ていなくても、藤圭子という人のファンは多いだろうからね」

「それでね、日劇で前川さんと会ったって、さっき言ったでしょ、そのとき、前川さんが言うんだよね。おまえ、おまえが出た最後の〈ビッグショー〉がとても視聴率がよかったこと、知ってるかって。うん、会社の人に聞いて知ってるよ、って答えたら、ぼく、すごく腹立てたんだよな、そのことで、って言うわけ」

「どうして腹なんか立てたんだろう」

「その年の暮、前川さんがＮＨＫの芸能の人とゴルフしたんだって。その人から、藤圭子の視聴率はよかった、って聞いたらしいの。それで、前川さんが喰ってかかったんだって。それならどうして藤圭子を紅白歌合戦に出さないんだ、他の、まるで下手な歌手を出して、なぜ藤圭子を出さないんだ……そう言ってくれたらしいの」

「前川さんも、別れても、あなたの歌の力は認めてくれているわけだ。紅白なんてどうでもいいだろうけど、でも、それは嬉しかったね」

「うん。へえ……と思ってね。そのＮＨＫの人は、しかしいろいろあってとか、なんだとか言ってるんで、前川さんが腹を立てたらしいんだ」

「そうなのか……」

「六年前か七年前……あたしと離婚して……前川さんが紅白に出られないことがあったんだ。あたしは出ることになっていたんだけど。前川さんが出ない、出られないって聞いて、泣いたことがあるんだ、あたし。そこは事務所で、雑誌社の人なんかもいたんだけど、あんな歌のうまい人が出られないなんて、そんなのはないよ、って」

「それを、今度は、前川さんが言ってくれたわけだ」

「あたし、そのとき、口惜《くや》しくて、ワンワン泣いたの。前川さんよりうまい人がどこにいるの、って」

「そうか……」

「そういうことがあった」

「しかし、前川さんという人は……いい男だね」

「うん、そうだね」

「それにしても、そういった番組もなくなり、いい舞台もなかなかできず……状況はどんどん悪くなっていくばかりなのか……」

「年々ひどい状況になってるね。それは確かだなあ。クラブなんて、ひどいんだよね。昨日の店もひどかったなあ、ほんとに。舞台が狭いし、バンドは音が出ないし、照明が悪いときてるんだから。照明が悪いと、客席を動きまわるボーイさんたちが気になって、どうしても集中できないんだよね」

「それは仕方がないんじゃないかな。そういう状況でも頑張るのがプロだという言い方もあるし。とりあえず金をもらっているんだからね」

「いくらお金をもらってもいやだね、ああいうところで歌うのは。でも、他の人たちはみんなやってるんだよね。わがままなのかな、あたし。そうじゃないよ、やっぱり歌が好きなんだよ。歌を歌いたいんだよ、あたしは。ああいうとこは、歌を歌えるような場所じゃないよ、いやだよ」

「いやですか」

「いやです。たまになら、まだいいよ。客が喜んでくれているんだから、我慢して頑張ろうと思うんだけど、そういうのが増えてきてるんだよね。いやなんだ、あたしは。……なんて言うと、なに言ってるんだい、昔はドサまわりして、バンドなしで歌ってたじゃないかと言われるかもしれないけど、やっぱりそのときのあたしとは違ってきてるんだよね。十年前は十年前、いまはいま。いまのあたしは、いまのあたしに合った歌の歌い方しかできないんだよ。それができないんだから、やめる。それでいいと思うんだ」

「最近、そんなひどいクラブで歌うことがあるの？」

「歌ってると、酔っ払いが、よろよろと倒れかかってきたりするんだよ。歌えないよね……どうしようもないんだ」

「そうか……」

「いつだったかな、北陸へ行ったとき、信じられないようなクラブがあってさ。田舎の古いクラブなんだけど、舞台に出ていってびっくりしたの。バンドが四人しかいなくって、マイクがリカちゃん人形の附録みたいなマイクで……」

「ハハハッ、リカちゃん人形のマイクはよかった」

「笑いごとじゃないよ。まったくひどかったんだから。マイクの線は延びないし、照明の設備がないもんだから、勉強机に置いてあるようなスタンドをボーイさんが持って、パチッなんてつけて、舞台の前を走りまわっているの」

「ハハハッ、おかしいね、想像するだけでも……」

「そのスタンドに紙を貼《は》って、色つきの、ほら……」

「セロファン？」

「そう、セロファン！　セロファン貼ったスタンド持って……忘れられないよ、ほんとに。さあっ、と思って舞台に出ていったら、それだもんね、ちょっといやになるよ」

「それはそうかもしれないね」

「演歌って、どんなひどくても、ショーになっちゃうから、そういうことがありうるんだよね」

「なるほど」

「田舎で歌ったりすることは少しもいやじゃないんだ。一度、田舎の体育館で歌っていて、終ったんで帰ろうとしたら、通路がひとつなんで、お客さんと一緒にゾロゾロと歩いていたの。そうしたら、座布団《ざぶとん》をかかえたおばあさんが二人、やっぱり藤圭子はいいねえ、とか言いながら、満足そうに前を歩いていたんだ。あたしにはぜんぜん気がつかないで。それは、ああ、歌っていてよかったな、なんて思うよ」

「舞台でほんとにうまく歌えたときって、とっても気持がいいもんなんでしょ？」

「それは、もう、気持いいなんて、そんなもんじゃないよ。舞台で歌うのはいいんだ。

いいマイクで、いい音響で、そういう舞台でやると、自分の声が聞こえてくるんだ、綺麗《きれい》に返ってくるんだよ……」

「もう、そんな気持よさを、味わえないんだね、あなたは」

「そう。これから、何を楽しみに生きていけばよいのでありましょう、この子は」

「ほんとだ」

「たとえば、藤圭子が一生懸命うたっているのをビデオで見るとするでしょ。すると、ジーンとするんだよね。あの人を聞いているあたしは別の人間だから、ああ頑張ってるな、声が違っちゃっているのに、雰囲気だけでどうにか歌っているな、つらいだろうに一生懸命やってるな、と思ったりするんだ」

「なるほど」

「いまね、歌っていて、いちばんつらい歌は〈聞いて下さい私の人生〉っていう歌なんだ……」

「どうして？」

「その中の歌詞が、どうしても、歌うたびに胸につかえるんだ。

聞いて下さい　私の人生

生れさいはて　北の国
おさな心は　やみの中
光もとめて　生きて来た
そんな過去にも　くじけずに
苦労　七坂　歌の旅
涙こらえて　今日もまた
女心を　ひとすじに
声がかれても　つぶれても
根性　根性　ひとすじ演歌道

終わりの方にさ、声がかれても、つぶれても、っていう歌詞があるでしょ」

「ああ、そうか、そうだ」

「曲が好きだから歌うけど、つらいんだ。本当は、これは自分の心とは関係ないんだ、これは曲なんだからって、割り切ればいいんだろうけど、駄目なんだ。声がかれても、つぶれても、歌いつづけ……ないわけだから。あたしが言ってるんじゃない、曲が言ってるんだって、思おうとするけど、つらくて……」

「馬鹿ですね」

「馬鹿だよね。あたしって、いつでもこうなんだ。迷って、迷って、つらくなる。お客さんには、すまないなあ、ごめんなさい、って歌っているんだ」

3

「ついさっきまで、あなたは絶対に歌の世界に復帰することはないだろうって感じがしてたけど、ふと、わからなくなってきたなあ」

「どうして？」

「あなたが、永遠に歌と縁を切ったままでいられるんだろうか……」

「いられるかいられないか知らないけど、絶対に戻らないよ」

「そうかなあ」

「いい加減な決心じゃないつもりだよ、あたし」

「それはわかってる。だからこそ、さ」

「いや、ここまで突きつめて、自分が決心したことだもん、戻れといっても戻れないよ、無理だよ」

「それは、逆かもしれないよ。そんな理詰めなんだから、自分を納得させられるきっかけが摑《つか》めれば、逆に戻りやすいんじゃないかな」

「そんな簡単なものじゃないつもりなんだ。だって、歌うたびに、自分で自分の傷口を拡《ひろ》げているような気がするんだよ。傷にさわりたくなかったら、歌わないことなんだ」

「でも、どうしても歌わなければならない理由ができたら……」

「ほかのことで悩んでいるわけじゃないでしょ？　一年休めば治るというわけじゃないでしょ？　精神的な疲れがとれればいいというふうなものでもないでしょ？　肉体的なものから来ていて、その肉体的なものは永久に治らないんだから。無理なんだよ、戻れないんだよ」

「ところが、いま、あなたが傷と思っている肉体的欠陥が……つまり喉《のど》が、何年かすると価値の基準が変わってきて、欠陥とは思わなくなるかもしれないじゃないか」

「うん、あたしもね、そんなふうに考えることがないわけじゃないんだけど……でも、やっぱり納得できないわけ。持って生まれた声なら、どんなに齢《とし》をとって声量が落ちても、下手になったとしてもいいと思うの。納得できると思うの。歌いつづけたと思うの。……でも、声が出なくなったとき、切っちゃったんだよね。休めば治るものだったのに切っちゃったんだよね。ガンなら切らなければいけないけど、持って生まれた喉を切っちゃったんだよ。あたしたちが無知なために、切れば早く楽になると思って、安易な道を選んじゃったんだ。切っちゃったんだから、傷があるんだよね、絶対。歌っていると、その傷の痕《あと》がはっきりわかるんだよ。歌に乗って、絵のように見えてくるんだ。歌うっていうことは、その傷口をさわることなんだよ」

「切ったことが、口惜しいわけだ」

「うん、でも、歌を歌うには確かに口惜しいことだけど、切ってよかった、だから歌をやめてよかったという人生が、これから送れるかもしれないし……わからないよ」

「そうだね、それは」

「それに歌いつづければいい、永く芸能界にいつづければいい、なんていうことはない、と思うんだ。永く歌っていたからといって、紫綬褒章《しじゆほうしよう》だかなんだか知らないけど、国から勲章をもらって……馬鹿《ばか》ばかしいったらありゃしない。その歌手はただ生活のために歌を歌っていたにすぎないのに。それだったら、どうしてお豆腐屋さんのおじいさんにあげないんだろう。駄目な歌は、もう歌じゃない。駄目な歌を歌う歌手は、歌手じゃないはずなんだ」

「厳しいことを言う……」

「だって、そう思うんだから」

「ひとりの歌手が、死ぬまで頂に居つづけられるということは、ないんだろうか？」

「歌謡曲の歌手ではありえないね。まず声が飽きられるし……」

「そうだね、確かに、これだけ複製が出て、日々、膨大な量の声がテレビやラジオから一挙に流れ出るんだから……それは飽きがこないはずがないよね」

「やっぱり、食物と同じように、人は、声にだって飽きますよ。どんな好きな食物だって、毎日のべつ食べていれば飽きるじゃない。それと同じこと。男の人がよく言うじゃない、女房に飽きるとか、たまには違った味の女がいいとか……」

「ハハハッ、独身の婦女子にしては、ずいぶん露骨なたとえ方をしますねえ」

「エヘへ、ちょっと、はしたなかったかな」

「ま、いいでしょう。でも、そういうことはありうるな」

「うまいとかへたとか、そういうこととは関係なく、あるんだよね」

「そんな中で、とにかくあなたは、十年もやってきたんだから、すごいよ。藤圭子というスターをひとりで運営してきた、いわば藤圭子産業の社長をやってきたんだからね。たったひとりの会社だとしても、藤圭子産業は巨大会社だったからね。大変な業務だったと思うよ」

「心があると、大変だね」

「心が？」

「こういう仕事をしていると、ね」

「人間的なものは、必要ないのかな？」

「歌手として必要なだけの人間味はなくちゃいけないんだけど、ね」

「そうか……」

「業務用には心の取りはずしができなければ、やっていけないんだろうね」

「そうなのかな」

「そうだと思うよ」

「あなたは、一度、頂に登ったよね。その頂には、いったい何があったんだろう？」

「何もなかった、あたしの頂上には何もなかった」

「何も？」

「そこには、もしかしたら、禁断の木の実というのかな、そういうものがあったかもしれないんだ。下の方で苦労しているような人には、ほんと涎《よだれ》が出るような実があったかもしれないの。でも、あたしには、とうていおいしい味のするものとは思えなかったんだよ。もし別の人が頂に登ってきたら、もう絶対に人にあげたくないって、頑張るかもしれないんだけど、あたしにはまずかったの。あたしにとっては、何もないも同然だった」

「あなたは、その頂から降りるには、転がり落ちるか、他の頂に飛び移るかしか方法がないんだと言っていたよね。しかも、女にとって最も安全な飛び移りは結婚だって。結婚は、あなたにとって……」

「駄目だと思う。できないと思う、あたしには」

「なぜ？」

「さっきも言ったけど、あたしぐらいの年齢になると、どうしたって、好きになる人は障害を持っていて、すんなりとはいかないと思うんだ。いい男って、どこにもいそうでいないし……」

「そう？」

「うん。それに、あたしって、やっぱり、気が弱いんだよね。いつだってそうなんだ。電車で席が空いていると思って、知らないで坐《すわ》ると、いつだって、前に疲れた人がいることに気がつくんだ。だから、慌《あわ》てて立っちゃうんだ。気がつかなければ、そのまま坐っていられるのに。こっちだって疲れてないわけじゃないけど……でも、仕方ないんだ。坐りつづけている方が、もっとつらいことだから、ね」

「もしかしたら、あたしって、ほんとに幸せが薄いのかもしれないね。なんとなく、この頃、そんなこと思うんだ。駄目なんだよね。知らないふりして生きていけないんだ、あたし、駄目なんだよね、きっと、そう……」

「いや……」

「ものわかりのいい、いまふうの、いい女のふりをしてれば、幸せなときが長く続くかもしれないけど、でも、そんなわけには、いつもいかなかったんだ」

「男らしい考え方だ……」

「それ、褒め言葉のつもり？」

「最上級の、ね」

「嬉《うれ》しくないけど……嬉しいよ。でも、これから、どうなるのか……」

「あなたは、どう生きても崩れない。きっと崩れない。崩れないと思うよ。崩れかかっても、あなたの生命力が、それを修復して、カジをしっかりと取り直すに違いないよ」

「そうかな」

「そうさ」

「そうだといいな」

4

「あなたの引退をテレビで知ったとき、星、流れるって、思ったんだ」

「星、流れる？」

「小説家でね、玉砕という言葉を使って〈玉、砕ける〉っていう題名の小説を書いた人がいるんだよ」

「玉砕って、負けちゃうこと？」

「そう、玉というのは中国の宝石で、その玉が粉ごなに砕け散ってしまうことなんだけど、ぼくはね、流星って言葉が思い浮かんだんだ」

「流星……流れ星？」

「流れ星。あなたを、流星ひとつ、と声に出して数えてみたいような気がしてね」

「流れ星か……あたし、まだ、見たことないな」

「えっ？」

「一度も見たことない、流れ星を」

「ほんと？」

「ほんとだよ。流れ星を見たら、願いをかけるとか、みんな言うじゃない。でも、あたし、見たことない」

「だって、あなたは旭川で育ったんでしょ」

「そうだよ」

「空は澄んでいたでしょ？」

「さあ……どうだったかなあ」

「あなたは、子供時代、何を見ていたんですかねえ」

「何も見ていなかったのかもしれないね」

「これだからなあ。ほんとに参りますね、インタヴュアーとしては……」

「それがあたしの子供時代だったんだから、仕方がないよ」

「それはそうだけど」

「北海道は……もう雪だろうな……」

「帰りたい？」

「帰りたくない」

「やっぱり、東京がいい？」

「わからないけど、もう北海道には住みたくない」

「寒いから?」

「うん……」

「雪は嫌い?」

「嫌い。降ってるときはいいんだよ。でも、あの雪解けのときがいやなんだ。汚いんだよ」

「でも、北海道は故郷でしょ?」

「あたし、北海道が故郷とは思えないんだ。故郷なんて、どこにもないんだよ、あたしには」

「そう……」

「もう冬だね。……小さい頃、よく手伝わされたなあ。北海道って、冬のくる前に、やることがいっぱいあるんだよね。薪なんか、よく拾いに行ったなあ」

「薪拾いか」

「あたしたちは、薪拾いだと思ってたんだよね、あれは工場に薪拾いに行ってるんだ、って。でも、いま考えてみると、その薪は工場の所有物じゃない、それなのに拾いに行ってこいと言われて……持ってきちゃったわけだよね、結局」

「ハハハッ、つまり、失敬してきていたわけだ」

「子供だから、薪拾いを手伝ってると思っているわけ」

「暖房用？」

「うん、薪《まき》ストーブの頃だね」

「北海道は、あなたにとって、もう遠いのか……」

「うん……そうだ、でも、このあいだ、友達と会ったんだ、中学時代に仲のよかった友達二人と」

「そう」

「偶然なんだけど、二人とも札幌に出て来ていて、同じ会社に勤めている男性と結婚していたの」

「社内結婚？」

「ううん、旦那《だんな》さん同士が同じ会社だったの、偶然に」

「偶然に？」

「二人とも知らなくて、会って驚いたんだって」

「へえ、面白いね」

「それで、このあいだ、札幌で仕事があったとき、三人で会って話したの。もう歌をやめようと思うって言ったんだ、その友達に」

「彼女たちは、何と言ってた？」

「よかったね、純ちゃん、もう十分に働いたんだから、今度は純ちゃんの好きなことしなよ、って。ほんといいじゃない、北海道に帰っておいでよ、そうしたら、昔みたいに、みんなで近所に住んで、仲よく暮していこうよ、って。よかったね、いいじゃない、って言ってくれた」

「それは嬉《うれ》しかったね」

「うん、嬉しかったなあ、ほんとに……」

「でも、帰らないんだろ？　帰らないで、どうするの？　ハワイに行くとか聞いているけど……」

「そうなんだ、ハワイに行くつもりなんだ」

「ハワイでどうするの？」

「勉強したいんだ」

「さっきも言ってたよね、勉強したいって。でも、どういった勉強？」

「中学までしか行かれなかったから、もう一度取り戻したいとかって、そういうんじゃないんだよね」

「じゃあ、どういうの？」

「あたし、中学はちゃんと卒業してるんだよね。でも、この齢になって、もっと本格的な勉強をしようというのは、やっぱり無理なんだよね。そうじゃなくて……英語を習いたいんだ」

「英語か……それでハワイに行きたいわけなのか、そうなのか」

「みんなには、少しのんびりしたいから、と言ってあるんだけど、ほんとは英語の勉強したいんだ。でも、そんなこと、人には言えないでしょ、恥ずかしくて」

「恥ずかしいことなんかないよ」

「でも、記者の人なんかに訊《き》かれて、少しのんびりしたいんで……なんて言うと、いいですねそんなことができる人はうらやましい、なんて嫌みを言われて……」

「そんなのはほっとけばいいよ。でも、どうして英語なの？」

「英語って、いいじゃない。外人の人たちがしゃべっていたりするのを聞いていると、とてもいいんだ。耳にとても気持がいいんだ。とにかくひとつのことに熱中して勉強してみたいから……英語が少しでもわかるようになれば嬉しいというくらいだけど、いい機会だからハワイに行って学校に入って、やってみたいんだ」

「そいつはいい、ぜひ頑張るといい」

「ありがとう」

「歌をやめるというあなたに、もう余計なことを言う必要もなさそうだな。あとは、健康で、頑張って、と言う以外にないんだけど……」

「だけど？」

「だけど、ひとつ、言うことがあるとすれば……というより、心配なことがひとつある、といった方がストレートかな」

「どんなこと？」

「いま、あなたは、とりあえず仕事を持っているでしょ？　たとえそれに満足していなくとも、ぼくたちから見れば、歌っている瞬間に、あなたがキラキラするのを感じることができる。しかし、その仕事をやめたとき、あなたが、その、もしかしたら平凡かもしれない、その生活の中で、煌《きら》めく何かを持てるだろうかという……」

「そんなこと、少しも心配してないんだ、あたし」

「でも、普通の人たちは、その人なりに、その普通の生活の中に煌めくものを、何か持っているわけじゃないですか……」

「あたしは楽観している。平気だよ」

「それならいいんだけど」

「たとえば、あたしは歌手をやめるけど、やめても藤圭子をやめるわけじゃないんだ……」

「どういうこと？」

「あたしね、阿部純子と藤圭子ということで言えば、デビューするとき、藤圭子っていう名前をもらったとき、生まれ変わったと思ったんだ」

「なるほど」

「違う名前を持つというのは、そんなに生やさしいことじゃないんだよね。生まれ変わるみたいに大変なことなんだと思う」

「そうだね。その二つの世界を往《ゆ》き来《き》するなんて器用なこと、本当はできやしないんだよな」

「そうなんだ。だから、あたし、その二つのうち、どっちかといえば、藤圭子の方を大事に思いつづけてきたようなんだ。いつも思っていたのはね、あたしの本当の誕生日は七月五日だけど、デビューした九月二十五日の方が、あたしが実際に生まれた日のような気がする、っていうことだったの」

「あなたは、これから藤圭子であることをやめて、お母さんの姓の竹山純子に戻るってことに、一般的にはなるわけだけど、やはり依然として藤圭子でありつづけるという感じが、残っているわけだ」

「うん。もう、竹山純子には戻れないと思うよ」

「歌を歌う、歌わない、にかかわらず？」

「だって、いったん藤圭子に生まれ変わっちゃったんだから、戻るってことはできないんだよ。いろんな人に、これから阿部純子さんに戻るんですね……みんなは両親が離婚したんで母方の竹山姓になっているの知らないから阿部さんなんだけど……阿部さんに戻るんですね、って言われて、説明してもわかってもらえそうにないから、ええと言っているけど、自分ではそうじゃないと思っているわけ。藤圭子をやめたいんじゃない、歌をやめたいだけなんだよ。藤圭子であるかぎり、何をしようと変らないはずだよ」

「面白い。ぼくはわかるような気がするけど、一般的には理解しにくい論理かもしれないね」

「フフフッ、あたしもそう思う」

「しかし、とにかく、この世界とは、さよならするわけだ」

「それはね、そうだよ」

「とすれば……やっぱり、緊張した、あの藤圭子の煌きは、失なわれてしまうかもしれないな」

「それは違うよ。歌をやめても、キッチリと生きていけば、それが顔に出ると思うから、平気だよ」

「そうか、それならオーケーだね」

「いま、かりに、あたしが煌いていたとしても、自分で駄目と思いながら、人に芸を見せているのはよくないと思うよ。やめるべきなんだよ」

「そうか、やめるべきなのか」

「でも……十二月二十六日に、最後の舞台をやるんだよね」

「どこで？」

「新宿のコマ劇場。ほんとはやりたくないんだ」

「最後のコンサートなのに？」

「うん。希望に満ちてこれからやろうという人ならいいけど、これでやめるというのにわざわざやることはないと思うんだ」

「そんなことないよ。みんな聞きたがってると思うよ。ぼくだって聞きたいんだから」

「それに、苦しいんだよね、最近。ああ、もうすぐやめるんだ、もう歌わなくなるんだと思うと、どんな場所で歌っていても、最後の曲に近くなると、胸が熱くなって困るんだ。まだ、一ヵ月も二ヵ月も前だというのに。それが最後の舞台ということになれば、一曲目からどうなるかわからないじゃない。そんなとこ、人に見せるのは恥ずかしいからね」

「あなたがデビューしたのは、一九六九年の秋だったよね。そうか、あなたは本当に七〇年代を歌いつづけてきたんだね。そのあなたが、一九七九年十二月二十六日ですべてを終える。……ちょうど十年だったんだね」

「そうなんだね。区切りがよくて、いいね」

「やめるとなると、さみしい？」

「十年もやれば、いいよね」

「そうだね。次の何かをまた見つければいいんだろうな」

「うん、そうする。また……何か……」

「それでいいさ」

5

「……月だね。さっきまで、この窓からは見えなかったのに」

「それにしても、綺麗な三日月だなあ」

「うん、綺麗だね。でも、月のまわりが少しぼんやりしてる」

「えっ？　視力は、悪いの？」

「すごくいい」

「……そうか」

「二重に見えるよ、あたしには。……にじんで、ぼんやりしてる」

「そうか……」

「うん、そう。空は蒼《あお》いんだよね。いまは暗くて黒いけど、ほんとはまっさおなんだね。……そう？」

「そう、だろうね、きっと。空は蒼いんだろうね」

「綺麗だね、ここから見ると。暗い空も、ネオンの街も……」

「最後にもう一杯、ウォッカ・トニックを呑《の》もうか」

「うん、乾杯しよう」

「何に乾杯する？　あなたの前途に対して？」

「ううん、そんなのつまらないよ……」

「では、このインタヴューの……」

「成功を祝して?」

「いや……このインタヴューは失敗しているような気がする」

「どうして?」

「本当に、どうしてそんな気がするんだろう……」

「あたしのインタヴューなんて、成功しても失敗してもどっちでもいいけど……じゃあ、失敗を祝して、盛大に乾杯しよう!」

「うん、いいね、そうしよう……」

後記

　そのとき私は三十一歳だった。

　当時の私は、いくらか大袈裟《おおげさ》に言えば、日夜、ノンフィクションの「方法」について考えつづけていた。

　そこに至るまでの私はと言えば、まず、大学を卒業した直後から二十六歳までの四年間をノンフィクションの書き手として仕事をしたあと、すべてを放擲《ほうてき》し、一年ほど異国を旅していた。

　旅に出た私は、たぶん、ノンフィクションを書くという仕事から離れようとしていたのだと思う。偶然のことから入ったジャーナリズムの世界だったが、そしてその世界での四年間は瞬《また》く間に過ぎてしまったと思えるほどスリリングだったが、どこか違和感を覚えていたのかもしれない。はっきりと意識はしていなかったが、ジャーナリズムとは異なる世界を求めて日本を出ていったような気がする。

しかし、二十七歳で日本に帰ってくると、ふたたびジャーナリズムの世界に舞い戻り、むしろ前よりも激しい勢いでノンフィクションを書きはじめることになった。私には、他の人のようにジャーナリストとしての使命感があるわけではなかった。その私がノンフィクションを書くときのエネルギー源としたのが、「方法」に対する強いこだわりだった。できるだけ繰り返しをせず、常に新しい方法で書く。

初期の頃の私は、「ぼく」がさまざまな世界を訪れ、さまざまな人に会い、さまざまに感じたことを書く、というスタイルを貫いていた。

旅から戻った私は、その「ぼく」を自覚的なものに少しずつ鍛え上げていこうとしたが、その果てに、常にまとわりついてくる「ぼく」に中毒し、やがて一人称を捨て、徹底した取材による三人称で描きたいという願望を抱くことになる。

その方法は、『危機の宰相』を経て、三十歳のとき『テロルの決算』を書くことで一応の達成を見た。

しかし、いったんそこに至ると、今度は取材というものの危うさ、脆弱《ぜいじゃく》さが気になりはじめ、次は一転して、「私」の見たもの聞いたもの、つまり取材ではなく、自分の経験したものだけで書いていくという方法を徹底してみたいと思うようになった。それは、やがて、三十二歳のときに『一瞬の夏』という作品として世の中に出ていくことになる。つまり、ノンフィクションの書き手としての私の三十一歳とは、『テロルの決算』から『一瞬の夏』に移行する、過渡的な時期にあたっていたのだ。

その三十一歳の私は、一九八〇年の三月から朝日新聞の小説欄にノンフィクションの作品を連載することになっていた。私は、その欄に、のちに「私ノンフィクション」と呼ばれるようになる『一瞬の夏』を発表することにし、一九七九年の夏の終わりから執筆を開始した。新聞に連載するのは初めての経験であり、しかもその小説欄にノンフィクション作品を載せるということで気負っているところもあったのだろう、連載が始まる前に最後まで書き終えておこうなどと思っていた。

すべての材料は手の内にある。一年の出来事を時系列に従って書けばよい。執筆はさほど難しくなく、順調に書き進むことができていた。

十月に入り、友人の紹介で、伊豆の山奥の温泉宿に長期滞在し、執筆をするというようなこともした。それは、まさに、かつての偉大な文筆家を模倣することで、自分をそうした書き手に近づけたいという幼い虚栄心がさせた行為であったろう。

温泉宿の滞在が二週間ほど過ぎたときのことだった。午後、執筆に疲れ、一休みするため部屋のテレビをつけると、ワイドショーのような番組をやっており、そこで「藤圭子引退！」というニュースが取り上げられていた。

私はそれを見て、強い衝撃を受けた。私はその数ヵ月前に、偶然、藤圭子と会っていた。その場に共通の知人がいたところから言葉をかわすこともできていた。

そのときのことだ。知人がトイレに立ち、藤圭子と二人で話をするという状況が訪れた。話の内容はとりとめもないことだったと思う。しかし、その最後に、ぽつりと藤圭子が言ったのだ。

「もうやめようと思うんだ」

それは、話の流れからすると、その前に「歌手を」、あるいは「芸能界を」とつくはずのものだった。私は思わず訊《たず》ねていた。

「どうして？」

そこに、知人が戻ってきたため、話はそれまでになった。

ワイドショーのニュースを見て驚いたのは、言葉にすれば、こういう思いだったろう。

〈あのときのあの言葉は本物だったのだ……〉

そして、次にこう思った。

〈あのとき得られなかった、「どうして？」という問いに対する答えを手に入れたい……〉

私は即座に伊豆の山を降り、知人を介して藤圭子に直接連絡を取ることに成功すると、インタヴューをさせてもらう約束を取り付けた。

そのインタヴューの準備をしながら、私はノンフィクションのまったく新しい書き方を試せるのではないかと思うようになった。

時代の歌姫がなぜ歌を捨てるのか。その問いと答えを、彼女の二十八年間の人生と交錯させながら、いっさい「地」の文を加えずインタヴューだけで描き切る。そして、タイトルを『インタヴュー』とする。

私はその思いつきに興奮した。

この作品の原型となるインタヴューが行われたのは、一九七九年の秋の一夜だが、それ以後も、事実の正確さを期すため、また細部に膨らみを持たせるため、最後のコンサートが行われた十二月二十六日まで、さまざまなところでインタヴューを重ねた。

その過程で、私は藤圭子が語る話の内容に強く心を動かされることになった。とりわけ、彼女が芸能界を「引退」したいと思う理由には、私がジャーナリズムの世界から離れたときの思いと共通するものがあった。

藤圭子は最後のコンサートを終えると、その年の暮れのうちにハワイに発《た》った。直後から、私は『一瞬の夏』の執筆を中断し、『インタヴュー』と名付けた藤圭子についての原稿を書き上げることに熱中した。

当初は原稿用紙にして二百枚くらいのものと思っていたが、とてもそのようなものでは収まらないことがわかってきた。

二月になり、三月になっても終わらない。そのうちにも朝日新聞の連載開始日が近づいてくる。私は、すでに書き終えていた部分を一日分の長さに区切りながら新聞社に送り、それ以外の時間を『インタヴュー』の執筆に充《あ》てつづけた。

すると、ようやく、五月に入って、五百枚近い分量のものが書き上がった。

しかし、「方法」への熱狂的な興奮が収まり、落ち着いて完成した作品を読み返したとき、果たしてこれでよかったのだろうかという疑問が湧《わ》き起こってきた。

藤圭子が「引退」するという理由はわかった。それが並の決意でないことも理解できた。

とはいえ、これから先、どういう理由で芸能界に「復帰」せざるを得なくなるかわからない。私が一年間を海外で過ごし、しかし、やはり日本に戻ってふたたびノンフィクションを書きはじめることになったように、藤圭子も芸能界に戻って、歌うようにならないとも限らない。

そのとき、この『インタヴュー』が枷《かせ》にならないだろうか。自分で自分にブレーキをかけてしまうことになるかもしれないし、実際に「復帰」したらしたで、マスコミに「あれほどまでの決意を語っていたのに」と非難されたり嗤《わら》われたりするということがあるかもしれない。

それに、藤圭子は、自分の周囲の人たちについて、あまりにも好悪《こうお》をはっきりと語りすぎている。その人たちとの関係を難しくさせてしまうのではないか。

要するに、これから新しい人生を切り拓《ひら》いていこうとしている藤圭子にとって、この作品は邪魔にしかならないのではないか、と思ってしまったのだ。

あるいは、それだけだったら、思い切って発表することにしたかもしれない。

だが、その『インタヴュー』には、ノンフィクションとしての問題があった。

私が、五百枚近い大部のノンフィクションを書き上げることができたというのも、そこにノンフィクションの書き手としての強い野心があったからだった。いっさい地の文を混じえず、会話だけで長編ノンフィクションを書き切る。いま自分は、かつて誰も試みたことのない、少なくとも眼に触れるかたちでは存在していない、まったく新しい方法で書いている。

その野心が、私に『一瞬の夏』と『インタヴュー』という二つの長大な作品を並行して書くという、自分では経験したことのない困難を乗り越えさせるエネルギー源になっていた。

確かに、会話体だけで書き切ることはできている。それによって、藤圭子という歌手が芸能界を去ることの、本当の理由がわかるようになっている。だが、藤圭子という、実際にインタヴューをするまでは自分でも想像をしていなかったほどの純粋さを持った女性の姿を本当に描き得ただろうか。私は、私のノンフィクションの「方法」のために、引退する藤圭子を利用しただけではないのか。藤圭子という女性の持っている豊かさを、この方法では描き切れていないのではないか……。

私は、この『インタヴュー』という作品を新潮社から出すことにしていた。「別冊小説新潮」に一挙掲載し、それから単行本にして刊行するというのが当初からの予定だった。それは、藤圭子にも伝えており、了解を得ていた。

書き終え、しかし、公刊することに疑問を覚えるようになった私は、「小説新潮」

の担当編集者である横山正治氏と出版部の初見國興氏に相談をした。

私の迷いを聞くと、横山氏が言った。

「ぼくたちはぜひ出してほしいと思うけど、沢木さんの迷いもよく理解できます。沢木さんにその迷いがある以上、発表するのはやめた方がいいかもしれません。藤圭子さんのためにも、沢木さんのためにも」

初見氏も同意見だった。しかし、こうも言った。

「いつか、きっと発表できる日が来ると思いますよ」

私は、手書きの原稿を製本所に頼んで一冊の本の形にしてもらうと、『インタヴュー』ではなく『流星ひとつ』とタイトルを変え、それをアメリカに渡った藤圭子に送ることにした。長い時間付き合ってもらい、あなたについてのノンフィクションを書き、出版させてもらおうとしたが、出来上がったのはこの一冊だけでした。申し訳ないが、この時点での出版は断念しようと思います……。

すると、藤圭子から、自分は出版してもいいと思うが、沢木さんの判断に任せるという返事が届いた。

一九七九年の年末にハワイに向かった藤圭子は、翌年の春にはアメリカの西海岸に渡り、バークレーで英語学校に入っていた。そして七月、私のもとに、藤圭子からさらに次のような内容の手紙が届いた。

お元気ですか。

今、夜の9時半です。外はようやく暗くなったところです。窓から涼しい風が入ってきて、どこからか音楽が聞こえてきます。下のプールでは、まだ、誰か泳いでいるみたい。ここの人達は、音楽とか運動することの好きな人が多くて、私が寒くてカーディガンを着て歩いているとき、Tシャツとショートパンツでジョギングしている人を、よく見かけます。

勉強の方は相変わらず、のんびりやっています。やる気はとてもあるのですが、行動がついていかないといおうか、テストの前の日だけ、どういうわけか別人(?)のように勉強するくらいです。

8月のはじめ頃、休みをとって、5〜6日友達とハイキングに行こうと思っています。Berkeleyに一人で来て、心細かったとき、本当によくしてくれたディーンとジョーという人達と行きます。ディーンは今年law schoolを卒業して、この7月29、30日と、最終的に大きな試験があるので、今は毎日一生懸命勉強しています。

それが終わったら、8月の中頃、弁護士としてカンザスの方に行くので、みんなそれぞれ、ばらばらになってしまうから。

私は8月15日に学校が終わったら、16日の Berkeley でのボズ・スキャッグスのショーを見て、それからニューヨークに行くつもりです。最初は一人で旅をしようと思っていたのですが、クラスメートのまなぶさんという人が友達と車でボストンまで行くというので、一緒に行こうと思っています。車で行く方が、飛行機で行くより、違ったアメリカも見られると思うし、8月30日頃までにニューヨークに着けばいいのですから……。

ニューヨークでの学校は、まだ、決めていません。着いてから探そうと思っています。なんと心細い話ですよね。本当に。

体に気をつけてください。

あまり無理をしないように。

沢木耕太郎様

追伸「流星ひとつ」のあとがき、大好きです。

竹山純子

これを読んで、いかにも「青春」の只中《ただなか》を生きているような幸福感あふれる内容であることを嬉《うれ》しく思った。

そして、「追伸」にあるひとことで、『流星ひとつ』についてのさまざまなことを了解してくれたのだと安心した。

やがて藤圭子はニューヨークで宇多田照實《てるざね》氏と知り合い、結婚し、光さんというお嬢さんを得た。さらに、その光さんが成長すると宇多田ヒカルとして音楽の世界にデビューし、藤圭子に勝るとも劣らない「時代の歌姫」として一気に「頂」に登りつめた。私は藤圭子が望んだものの多くを手に入れたらしいことを喜んだ。

この『流星ひとつ』は、コピーを一部とっただけで、そのまま長いあいだ放置されたままだった。

一度だけ、もしかしたら初見氏の言っていた「いつか」が来たのかなと思ったときがあった。

文藝春秋から私のノンフィクションの選集が出ることになったとき、そこに未刊の作品として『流星ひとつ』を収録しようかなと考えたのだ。藤圭子は宇多田ヒカルの母親として、幸せな状況にあると考えられていたし、これが出ることで困ることもないだろうと思ったのだ。

それに、時間を置いて読み返してみると、徹底したインタヴューによる作品だったということが、むしろひとりの女性の真の姿を描き出していると思えるようになった。発表に際しては、藤圭子に連絡を取ろうとした。一度刊行を取りやめたものを新たにどうして刊行しようとするのか。それを説明しなくてはならない。

だが、どうしても直接の連絡が取れないまま時間切れになってしまった。私はその選集の巻末に回想風のエッセイを連載していたが、そこにこの作品の存在について短く触れ、それをもって『流星ひとつ』を永遠に葬《ほうむ》ることにした。

ところが、この八月二十二日の昼前、思いがけない人から「藤圭子が新宿のマンションの十三階から投身自殺をした」という知らせが入った。

テレビをつけると、NHKのニュースでも報じられている。

私には信じられなかった。私が知っている藤圭子が自殺するとは思えなかったからだ。たとえ死の誘惑に駆られることがあっても、生の方向へ揺り戻すことのできる精神の健康さを持っているはずだった。

しかし、私が知っているのは三十年以上も前の彼女だ。それ以後にどのようなことがあり、どのように変化したのかまではわからない。私はただ、藤圭子がマンションの高層階から飛び降りて自死したという事実を受け入れるより仕方がなかった。

しばらくして、お嬢さんの光さん、というより、公的存在としての宇多田ヒカルの「コメント」が、彼女のオフィシャル・サイト上で発表された。

8月22日の朝、私の母は自ら命を絶ちました。

様々な憶測が飛び交っているようなので、少しここでお話をさせてください。

彼女はとても長い間、精神の病に苦しめられていました。その性質上、本人の意志で治療を受けることは非常に難しく、家族としてどうしたらいいのか、何が彼女のために一番良いのか、ずっと悩んでいました。

幼い頃から、母の病気が進行していくのを見ていました。症状の悪化とともに、家族も含め人間に対する不信感は増す一方で、現実と妄想の区別が曖昧《あいまい》になり、彼女は自身の感情や行動のコントロールを失っていきました。私はただ翻弄《ほんろう》されるばかりで、何も出来ませんでした。

母が長年の苦しみから解放されたことを願う反面、彼女の最後の行為は、あまりに悲しく、後悔の念が募るばかりです。

誤解されることの多い彼女でしたが……とても怖がりのくせに鼻っ柱が強く、正義感にあふれ、笑うことが大好きで、頭の回転が早くて、子供のように衝動的で危うく、おっちょこちょいで放っておけない、誰よりもかわいらしい人でした。悲しい記憶が多いのに、母を思う時心に浮かぶのは、笑っている彼女です。

母の娘であることを誇りに思います。彼女に出会えたことに感謝の気持ちでいっぱいです。

沢山の暖かいお言葉を頂き、多くの人に支えられていることを実感しています。ありがとうございました。

さらに離婚をした元・夫の宇多田照實氏の「コメント」が発表されるに至り、「謎《なぞ》の死」は、精神を病み、永年奇矯な行動を繰り返したあげくの投身自殺、という説明で落着することになった。

ニューヨークで結婚してからの藤圭子は知らない。しかし、私の知っている彼女が、それ以前のすべてを切り捨てられ、あまりにも簡単に理解されていくのを見るのは忍びなかった。

私はあらためて手元に残った『流星ひとつ』のコピーを読み返した。そこには、「精神を病み、永年奇矯な行動を繰り返したあげく投身自殺をした女性」という一行で片付けることのできない、輝くような精神の持ち主が存在していた。

私はそのコピーを、すでに定年退職している横山氏と初見氏から担当を引き継いだ、新潮社の新井久幸氏と武政桃永さんに読んでもらうことにした。

読んだ新井氏はこう言った。

「三十年以上経《た》つというのに、内容も、方法も少しも古びていません。新鮮です」

武政さんはこう言った。

「これを、宇多田ヒカルさんに読ませてあげたいと思いました」

宇多田ヒカルとほぼ同じ年齢の若い女性である武政さんの言葉は私を強く撃った。自分もどこかで同じことを感じていたように思ったからだ。

私にとって宇多田ヒカルはやはり気になる存在だった。

初めて歌声を聴いたときも驚いたし、十九歳で母や祖母や伯母と同じように早い結婚をしたと知ったときも驚いた。その四年後に母や祖母や伯母と同じように離婚したことを聞いて、どのような巡り合わせなのかと心を痛めた。

さらに二十七歳のとき、「もっと人間活動をしたい」と音楽活動を休止したのを知って、みたび驚かされた。藤圭子が「別の生き方をしてみたい」と芸能界を引退したときと同じような年齢であり、同じような理由だったからだ。

藤圭子の死後に発表された宇多田ヒカルの「コメント」の中に、《幼い頃から、母の病気が進行していくのを見ていました》という一文がある。

もしそうだとすれば、宇多田ヒカルはごく小さい頃から、母親である藤圭子の精神の輝きをほとんど知ることなく成長したことになる。

宇多田ヒカルは、かつて自身のツイッターにこんなことを書いていたという。

《「面影平野」歌うカーチャンすごくかっこ良くて美しくて、ああくそどうにかあれダウンロード（保存？）しときゃよかった……》

確かに、インターネット上の動画では、藤圭子のかつての美しい容姿や歌声を見たり聴いたりすることができるかもしれない。

だが、彼女のあの水晶のように硬質で透明な精神を定着したものは、もしかしたら『流星ひとつ』しか残されていないのかもしれない。『流星ひとつ』は、藤圭子という女性の精神の、最も美しい瞬間の、一枚のスナップ写真になっているように思える。

二十八歳のときの藤圭子がどのように考え、どのような決断をしたのか。もしこの『流星ひとつ』を読むことがあったら、宇多田ヒカルは初めての藤圭子に出会うことができるのかもしれない……。


かつて藤圭子が「大好きです」と手紙に書いてくれた『流星ひとつ』の「あとがき」は、いま私の手元にはない。一部だけとってあった『流星ひとつ』のコピーに、その「あとがき」は含まれていなかったからだ。

ただ、私の執筆ノートに、「あとがき」の断片ではないかと思われる文章が残されている。


これは『インタヴュー』というタイトルが最もふさわしい作品であったかもしれない。まさに、インタヴューを直接的なインタヴューとしてではなく、しかしインタヴューの生命力を残しながらいかに作品化するか。その方法への野心こそが、この作品を生み出す原動力であったからだ。

しかし、いま、私はこの作品に『流星ひとつ』という、いささか感傷的にすぎるタイトルをつけようとしている。それは、この作品の意味が、私の内部で微妙に変化してきていることを示すものかもしれない。

この作品で取り上げた主人公について、本文ではいっさいその外貌《がいぼう》が描かれていない。誰でも知っている存在だから描かなくていいと思ったのではない。方法上の制約から描けなかったのだ。

しかし、その制約がなかったとしても、私にその美しさを描き出すことができたかどうかわからない。しかも、美しかったのは「容姿」だけではなかった。「心」のこのようにまっすぐな人を私は知らない。まさに火の酒のように、透明な烈《はげ》しさが清潔に匂《にお》っていた。だが、この作品では、読み手にその清潔さや純粋さが充分に伝わり切らなかったのではないかという気がする。私はあまりにも「方法」を追うのに急だった。だからこそ、せめてタイトルだけは、『インタヴュー』という無味乾燥なものではなく、『流星ひとつ』というタイトルをつけたかったのだ。それが、旅立つこの作品の主人公に贈ることのできる、唯一《ゆいいつ》のものだったからだ。

もっとも、最終的に書き上げられた「あとがき」はこのように生硬《せいこう》なものではなかった可能性が高い。おそらく、それは藤圭子に宛《あ》てた私信のようなものだったのだろう。だから、それは製本した手書きの原稿にだけ収め、作品のコピーとしてはとらなかったのではないかと思う。

この「あとがき」の執筆当時は、歌を捨てる、芸能の世界から去る、ということから「星、流れる」という言葉が浮かんだ。

しかし、いま、自死することで本当に星が流れるようにこの世を去ってしまったいま、『流星ひとつ』というタイトルは、私が藤圭子の幻の墓に手向《たむ》けることのできる、たった一輪の花なのかもしれないとも思う。

二〇一三年秋

沢木耕太郎

解説

梯　久美子

二〇一三年八月二十二日、かつて演歌のスター歌手だった藤圭子が新宿のマンションから飛び降りて亡《な》くなった。享年《きようねん》六十二。娘の宇多田ヒカルは、母親は長く精神の病に苦しめられ、感情や行動をコントロールできなくなっていたとのコメントを発表した。

本書が単行本として刊行されたのは、それから二か月後のことである。すぐに入手した私は、読み終わって本を閉じたとき、これは彼女のための紙碑だと思った。ただ言葉のみによって形作られた、ささやかだが美しい碑――それを建て、人々の目にふれさせることは、ものを書く人間が死者に捧《ささ》げることのできる唯一《ゆいいつ》のはなむけであり祈りなのだ。

沢木耕太郎が藤圭子に長いインタヴューを行ったのは、一九七九年の秋のことである。場所は東京・紀尾井町《きおいちよう》のホテルニューオータニ四十階にあるバー・バルゴー。ウォッカ・トニックのグラスを重ねながらの対話だった。

沢木さんは当時三十一歳、浅沼稲次郎暗殺事件を描いた傑作『テロルの決算』を発表した翌年である。藤圭子は二十八歳で、自らの意志をつらぬいての引退を間近に控えていた。

沢木さんは半年をかけて、一夜のインタヴューを五百枚近くの原稿にまとめたが、本書の「後記」にあるような経緯で、刊行を見合わせる判断をする。それから三十年以上のあいだ、原稿は眠っていた。それゆえに、ここには二十八歳の藤圭子の輝きが、瞬間冷凍されたように、そのまま定着されている。

〈「精神を病み、永年奇矯な行動を繰り返したあげく投身自殺をした女性」という一行で片付けることのできない、輝くような精神の持ち主が存在していた〉と「後記」にあるが、ほんとうにそうだと本書を読んで感じた。そして思った。あのような死の後だからこそ、この本は世に出なければならなかったのだと。藤圭子の歌とともに同時代を生きた人たちは、一冊の本が彼女を死後のスキャンダルから救い出してくれたことに安堵《あんど》し、ようやくその死を静かな気持ちで悼《いた》むことができたのではないだろうか。私自身がそうであったように。

ＣＤやＹｏｕＴｕｂｅで藤圭子の歌を聴くことはいまもできるし、映像を見ることもできる。圧倒的な歌声、強い眼の光、少女のようにはかなげな立ち姿。年月を経ても色褪《あ》せることのない魅力的な歌い手がそこにいる。

彼女が遺《のこ》したものはそれで充分だと考えることもできる。だが本書を読んだ人は、彼女がかつて発した言葉の、一語一語が粒立っているような鮮烈な存在感に打たれるに違いない。そして、真摯《しんし》に生きたひとりの女性としての藤圭子を、あらためて発見するだろう。

寡黙《かもく》なイメージのあった藤圭子が、こんなにも確かな言葉を持ち、これほど率直に語る人であったことにまず驚かされる。本書はインタヴュアーである沢木さんとの会話だけで成り立っていて、彼女の表情も仕草も声の調子も一切描写されていない。ノンフィクションの書き手としての野心があってこの方法を選んだと著者が述べているように、相当思い切った実験的なスタイルだが、彼女の死があのようにスキャンダラスに扱われた後では、その意図をこえた意味を持つようになったと思う。

スターの座にあった藤圭子は、他者の言葉によって形容されるばかりで、その発言も人物像も、夾雑物《きょうざつぶつ》なしに伝わってくることがなかった。だが本書には、本人が発した言葉がそのまま記されている。それによって私たちは、三十年のときを超えて、彼女と直接、出会うことができるのである。

本書で藤圭子は実に自由にのびのびと自分を語っているが、それはもちろん沢木耕太郎という聞き手を得てこそのものだ。冒頭近くで、「インタヴューなんて馬鹿《ば か》ばかしいだけ」と言う彼女に、沢木さんは「いや、インタヴューというのは、そんなに馬鹿にしたものでもないと思うけどな」と答えている。そして、本当のインタヴューというのは、相手の知っていることをしゃべらせることではなく、相手も知らなかったことをしゃべってもらうものだと説明する。話し手が、それまで自分でも思いもよらなかったことを口にして、そうか、自分はこんなことを考えていたのかと気づく。そういう話を引き出すのがよいインタヴュアーだというのだ。

この部分を読んで、そうそう、その通りだと心の中で大きく頷《うなず》いた。私もノンフィクションを職業としているので、これまで多くの人に会って話を聞いてきたが、インタヴューでもっともエキサイティングなのは、「この人は、いま初めてこの話をしているな」とわかる瞬間である。それまで心に秘めていたことを初めて口に出したとき、というのではない(もちろんそれも聞き手としてとても嬉《うれ》しいことだが)。相手が話しながら気づき、気づきながら話しているという状態、混沌《こんとん》としたどこか深いところから、いままさに言葉が生まれてくる瞬間のことである。それを聞き手と話し手が共有することが、インタヴューの最大の醍醐味《だいごみ》であり喜びなのだ。

だがそれはいつも起きることではない。この場面で沢木さんが言っているように、インタヴュアーの力量によるところが大きいのだが、それだけでも駄目で、相手との相性や呼吸、場の力と言ったものが合わさって初めて起こる、めったにない瞬間なのである。

その瞬間に、本書の読者は何度か立ち会うことになる。最初は第一章（「一杯目の火酒」）の終わりである。

沢木さんがスペインのマラガへ行った話をする。街の居酒屋で、ずらりと並んだ樽《たる》のワインを飲み、カウンターの横にいる老人からハマグリを買って生で食べたことを話すと、彼女は「いいなあ！」と言う。弾んだ声が聞こえるような、ぱっと輝いた顔が見えるような、生き生きとした会話である。

「行ってみたいなあ、そんなところに」

「行ってみたい？」

「とっても行ってみたいよ。行って、自分の目で確かめてみたい」

「あなたの眼で確かめたい？　本当にそんなふうに思うの？」

「思うよ、ほんとに。そんな旅行をしてみたかったんだ、あたしも。そんなふうにして生きて……でも、やろうと思えば、もうできるんだよね、あたしも。そうなんだ、できるんだ」

このとき彼女は、自分の中にありながらそれまで意識していなかった思いに気づき、言葉にしている。そしてそれをきっかけに少しずつインタヴュアーに心を開き、やがてドライブがかかったように、「本当のこと」を語り始めるのだ。

「あたし、二つの歌を殺してしまったんだ。自分の歌を自分の手で」

「無心だからよかったんだよ。無心だったから、ああいう歌が歌えたんだよ。いろんなことがわかり出したら、もう駄目だったんだ」

「胸の奥をさわられたような気がするんだよね。好きな男の人に体をさわられると気持がいいように、ほら、こうやってつねれば痛いって感じるように、歌というのは、心を、さっとさわるんだよね、あたしの胸の中を、ね」

「何もなかった、あたしの頂上には何もなかった」

書き写しながら、背中がぞくぞくしてくる。インタヴューの現場で、向きあった相手の深いところから言葉が生まれてくる瞬間に立ち会ったときと同じ感覚である。藤圭子という人の感受性と知性に圧倒される思いがするが、同時に、ほかの人による取材では、こんな言葉は引き出せなかっただろうとも思う。

ノンフィクションの書き手にとって、本書はインタヴューのお手本のようだ。沢木さんは、ただ相手に共感し、寄り添って言葉を引き出そうとしているだけではない。たとえばインタヴューの中盤に、藤圭子の代表曲とされる「夢は夜ひらく」について質問する場面がある。

「あの歌が、あまりにも強烈すぎたんで、そのあとがつらかったんじゃないだろうか。何を出しても、あれほどの強烈さを持てなくて……」と沢木さんが言うと、彼女は即座に「そんなことないよ」と否定する。沢木さんが重ねて、藤圭子を悪くさせた元凶は「夢は夜ひらく」だったという友人がいると言うと、彼女は、「それは違うね」「沢木さんのお友達っていう人、知らないんだよ。実際に自分で何かをやったことがないんだよ。歌手を悪くした歌なんて、絶対にない、絶対にね」と反論する。プロの矜持《きょうじ》が言わせる言葉には説得力があり、経験の中で身につけた表現者としての哲学が垣間《かいま》見《み》える。こうした「対決」の場面が本書には何箇所かあり、いずれもスリリングなヤマ場になっている。

　こんな場面もある。阿木燿子《あきようこ》と宇崎竜童のコンビによる「面影平野」という曲についてのやりとりだ。沢木さんはこの曲を聞いたとき、藤圭子が本当に久しぶりに曲に恵まれたと思ったと言い、それなのになぜヒットしなかったのかと尋ねる。わからない、という彼女に、わからないはずはないと言い、「藤圭子のパワーが落ちたから？」「何故《なぜ》あんないい歌をヒットさせられなかったんだろう」「藤圭子は、藤圭子じゃなくなってしまったの？」と畳みかける。そして彼女から、「あたしにはね、あの歌がそんなにいいとは思えないんだよ」「歌っていても、女としてズキンとしないんだよね」という言葉を引き出す。

　ここまでもなかなかスリリングなのだが、話はさらに思いがけない方向へ進む。藤圭子にパワーがなくなったと言ったことを謝る沢木さんに、彼女は「いいんだよ、その通りなんだから」と言う。そして、喉《のど》の手術をしたせいで声が変わり、実際にパワーが落ちてしまったのだと打ち明ける。

「喉を切ってしまったときに、藤圭子は死んでしまったの。いまここにいるのは別人なんだ。別の声を持った、別の歌手になってしまったの……」

「無知なために……手術をしてしまったから、さ」

それが引退を決意した理由だというのだ。このことを彼女が身内やスタッフ以外の人間に話したのは、おそらくこのときが初めてだったろう。「面影平野」の件は、沢木さんがどうしても聞きたいことだった。インタヴューでもっとも大切なことは、聞き手が心底知りたいことを質問することだと私は思っているが、「対決」を避けずに聞きたいことを聞いたことが、本質的な話につながっていったのだ。

ほかにもいくつか、きわめてスリリングな場面が本書にはある。「あなたの考え方は違うと思う」と沢木さんが正面から藤圭子に言う場面。『敗れざる者たち』に出てくる人たちについて、彼女が「沢木さんには、あの人たちの気持が本当にはわかっていないんだ」と言う場面。いずれもインタヴューの域をこえた真剣勝負の対話になっていて、そこでは沢木さんも単なる聞き手であることをやめ、自分を開示している。いまインタヴューの域をこえたと書いてしまったが、インタヴューとは本当はこういうものなのだ。話し手だけでなく聞き手も、自分の奥に眠っていた何かに気づき、それが言葉になる瞬間を経験しなければならない。だがそうしたインタヴューは決して多くない。本書に流れているのは、まさに奇跡のような時間なのである。

女性にインタヴューして書かれた沢木作品といえば『檀』が思い浮かぶ。一九九五年に発表されたこの作品は、『火宅の人』で知られる作家・檀一雄の未亡人であるヨソ子さんの視点で、夫との日々が綴《つづ》られている。沢木さんは一年間にわたって毎週ヨソ子夫人のもとに通い、その人生を三度繰り返して語ってもらったという。徹底した取材によって、外の女性と「事を起こした」作家の妻の複雑な思いを語り尽くしていて、嚙《か》めば嚙むほど味が出るというか、読み返すたびに、毎回じわりと胸にくる。

女性の一人称で書かれ、小説として読むこともできる『檀』は、まるで呼吸するように自然な言葉で女性の心情が描かれている。それに対して本書は、嚙み砕かれず加工もされないナマの言葉が、新鮮なまま、ポンと置かれたようにして並んでいる。人生を俯瞰《ふかん》する場所から語られるヨソ子夫人の言葉とは対照的に、藤圭子の言葉には、スパッと切った人生の断面を風にさらしているような、痛々しい若さと潔《いさぎよ》さがある。

こんなに真《ま》っ直《す》ぐで清潔な魂を持った人が、あのように死ななければならないのが人生というものなのだろうかと、ふと思う。しかし、本書を読み返すとき、こんなふうにも思うのだ。どんな過酷な運命も奪うことのできない輝きを、人は人生の中で持つことができる。そしてそれは、ともに時間を過ごした人の記憶から決して消えることはないのだと。

（二〇一六年六月、ノンフィクション作家）

この作品は平成二十五年十月新潮社より刊行された。

沢木耕太郎著

人の砂漠

一体のミイラと英語まじりのノートを残して餓死した老女を探る「おばあさんが死んだ」等、社会の片隅に生きる人々をみつめたルポ。

沢木耕太郎著

一瞬の夏（上・下）

新田次郎文学賞受賞

悲運の天才ボクサー、カシアス内藤。その再起に自らの人生を賭けた男たちのドラマを〝私ノンフィクション〟の手法で描いた異色作。

沢木耕太郎著

バーボン・ストリート

講談社エッセイ賞受賞

ニュージャーナリズムの旗手が、バーボングラスを傾けながら贈るスポーツ、贅沢、賭け事、映画などについての珠玉のエッセイ15編。

沢木耕太郎著

チェーン・スモーキング

古書店で、公衆電話で、深夜のタクシーで——同時代人の息遣いを伝えるエピソードの連鎖が、極上の短篇小説を思わせるエッセイ15篇。

沢木耕太郎著

彼らの流儀

男が砂漠に見たものは。大晦日の夜、女が迷ったのは……。彼と彼女たちの「生」全体を映し出す、一瞬の輝きを感知した33の物語。

沢木耕太郎著

檀

愛人との暮しを綴って逝った「火宅の人」檀一雄。その夫人への一年余に及ぶ取材が紡ぎ出す「作家の妻」30年の愛の痛みと真実。

鹿島圭介著　警察庁長官を撃った男

2010年に時効を迎えた国松長官狙撃事件。特捜本部はある男から詳細な自供を得ながら、真相を闇に葬った。極秘捜査の全貌を暴く。

河合隼雄著　いじめと不登校

個性を大事にしようと思ったら、ちょっと教えるのをやめて待てばいいんです――この困難な時代に、今こそ聞きたい河合隼雄の言葉。

押川剛著　「子供を殺してください」という親たち

妄想、妄言、暴力……息子や娘がモンスター化した事例を分析することで育児や教育、そして対策を検討する衝撃のノンフィクション。

白石仁章著　杉原千畝
―情報に賭けた外交官―

六千人のユダヤ人を救った男は、類稀なる〈情報のプロフェッショナル〉だった。杉原研究25年の成果、圧巻のノンフィクション！

豊田正義著　消された一家
―北九州・連続監禁殺人事件―

監禁虐待による恐怖支配で、家族同士に殺し合いをさせる――史上最悪の残虐事件を徹底的に取材した渾身の犯罪ノンフィクション。

長谷川博一著　殺人者はいかに誕生したか
―「十大凶悪事件」を獄中対話で読み解く―

世間を震撼させた凶悪事件。刑事裁判では分からない事件の「なぜ」を臨床心理士の立場から初めて解明した渾身のノンフィクション。

吉村昭著 戦艦武蔵 菊池寛賞受賞

帝国海軍の夢と野望を賭けた不沈の巨艦「武蔵」――その極秘の建造から壮絶な終焉まで、壮大なドラマの全貌を描いた記録文学の力作。

吉村昭著 零式戦闘機

空の作戦に革命をもたらした〝ゼロ戦〟――その秘密裡の完成、輝かしい武勲、敗亡の運命を、空の男たちの奮闘と哀歓のうちに描く。

吉村昭著 海の史劇

《日本海海戦》の劇的な全貌。七カ月に及ぶ大回航の苦心と、迎え撃つ日本側の態度、海戦の詳細などを克明に描いた空前の記録文学。

吉村昭著 大本営が震えた日

開戦を指令した極秘命令書の敵中紛失、南下輸送船団の隠密作戦。太平洋戦争開戦前夜に大本営を震撼させた恐るべき事件の全容――。

吉村昭著 ポーツマスの旗

近代日本の分水嶺となった日露戦争とポーツマス講和会議。名利を求めず講和に生命を燃焼させた全権・小村寿太郎の姿に光をあてる。

吉村昭著 遠い日の戦争

米兵捕虜を処刑した一中尉の、戦後の暗く怯えに満ちた逃亡の日々――。戦争犯罪とは何かを問い、敗戦日本の歪みを抉る力作長編。

流《りゅう》星《せい》ひとつ

新潮文庫　さ - 7 - 22

平成二十八年八月一日発行
令和五年九月三十日二刷

著者　沢《さわ》木《き》耕《こう》太《た》郎《ろう》

発行者　佐藤隆信

発行所　株式会社新潮社

郵便番号　一六二―八七一一
東京都新宿区矢来町七一
電話　編集部(〇三)三二六六―五四四〇
　　　読者係(〇三)三二六六―五一一一
https://www.shinchosha.co.jp

価格はカバーに表示してあります。

乱丁・落丁本は、ご面倒ですが小社読者係宛ご送付ください。送料小社負担にてお取替えいたします。

印刷・錦明印刷株式会社　製本・錦明印刷株式会社

ISBN978-4-10-123522-6　C0195